GIOVANNI ROMANO

IL PROFESSIONISTA DELLE OPZIONI

Tecniche per diventare un Trader professionista

Titolo

"IL PROFESSIONISTA DELLE OPZIONI"

Autore

Giovanni Romano

Editore

Bruno Editore

Sito internet

http://www.brunoeditore.it

ATTENZIONE: investire in Borsa è rischioso

Le strategie riportate in questo libro sono frutto di anni di studi e specializzazioni, quindi non è garantito il raggiungimento dei medesimi risultati economici. I risultati passati ottenuti dall'autore non forniscono alcun tipo di garanzia per i guadagni futuri.

Il lettore si assume piena responsabilità delle proprie scelte economiche e finanziarie, consapevole dei rischi connessi a qualsiasi forma di investimento in Borsa.

I casi di studio e gli esempi contenuti nel testo sono frutto di notizie e opinioni che possono essere modificate in qualsiasi momento senza preavviso e non costituiscono sollecitazione all'acquisto o alla vendita di valori mobiliari e al pubblico risparmio.

L'unico scopo è di fornire elementi di studio sull'andamento dei mercati, pertanto non possono essere considerate come previsioni certe e non mettono al riparo dal rischio insito nelle operazioni di investimento in titoli.

L'Autore e l'Editore declinano ogni responsabilità su eventuali inesattezze dei dati riportati, danni, perdite economiche, danni diretti o indiretti derivanti dall'uso o dalla divulgazione delle informazioni contenute in questo libro.

SOMMARIO

Introduzione

L'ebook che ti accingi a leggere è frutto di molto lavoro, ore e ore passate davanti al PC a qualsiasi ora del giorno e della notte. Il frutto di molti sabati sera passati faticosamente ad analizzare centinaia di titoli quotati in Borsa.

Sono un giovane ragazzo appassionato di Borsa sin da quando ero piccolo. La Borsa mi ha sempre affascinato, ricordo ancora quando mi sforzavo di capire quegli ingarbugliati film americani di Borsa, ignaro del fatto che le storie su cui si snodavano quei film sarebbero diventate il mio pane quotidiano.

Sono cresciuto psicologicamente e finanziariamente leggendo e interpretando a dovere gli insegnamenti dei più grandi guru della finanza USA, quali in primo luogo Robert T. Kiyosaki. Devo molto a questo maestro della finanza, lui è sicuramente colui che ha avuto l'impatto più significativo sulla mia mentalità.

Poi il fatto di aver avuto il privilegio di entrare in contatto con lui in età molto giovane, ha fatto di me un individuo assai consapevole delle significative risorse di ricchezza presenti nella nostra odierna società occidentale. Altre personalità significative sono state per me Robert G. Allen, Brian Tracy e Donald Trump. Inoltre ho studiato, se pur non molto approfonditamente, i princìpi della PNL.

Ma dal punto di vista pratico il vero salto nel campo finanziario l'ho fatto con gli insegnamenti di un investitore italiano al cento per cento, Alfio Bardolla, partecipando anche al suo seminario *AB Trading* (corso che consiglio vivamente a tutti). Così ho iniziato a produrre delle significative rendite in Borsa.

Non nascondo che è stato abbastanza arduo sviluppare la competenza che ho raggiunto in questo campo, frutto di grossi sacrifici. Ma niente paura, ti garantisco che in pochissimo tempo leggendo e interpretando questo ebook potrai iniziare a creare delle consistenti rendite anche con pochissimo capitale investito.

Non sto parlando dei miseri tassi di interesse che offrono gli istituti di credito italiani, dove per ottenere un misero 4% netto devi invocare il potere degli Dei. Sto parlando di un ritorno dell'investimento potenzialmente illimitato, che quando va male supera il 50% minimo in pochissimo tempo e non annualmente.

E ora ti starai chiedendo come mai se c'è tutta questa "pacchia" in Borsa non siamo tutti milionari. Beh, il discorso è semplice, può essere sintetizzato in un'unica parola: *Competenza.*

Il mondo della Borsa è molto complesso, costituito da una terminologia difficile per chi non "mastica" la "lingua del mercato". Così spesso operano - e non "giocano" come si suol dire (la Borsa non è un gioco) - persone poco competenti e che prima di buttarsi a capofitto nel mercato come esche dei grandi "predatori", non hanno neanche letto un benché minimo di quello che concerne la Borsa valori. Perciò, trovandosi a fare i conti con una concorrenza spietata, è inevitabile che tornano indietro delusi e spaventati e con la coda tra le gambe.

Non dico che questo ebook è la formula magica per avere

successo in Borsa, ma sicuramente ti fornirà il know-how necessario per entrare nella "mischia" senza essere schiacciato. Se poi ci aggiungi l'esperienza, che maturerai durante il corso dei trade, sono sicuro che potrai tranquillamente vivere di traging e con delle remunerazioni niente male.

Sintetizzare tutto ciò che c'è da sapere sulla Borsa in un ebook è troppo disorientante per il lettore, soprattutto per chi è alle primissime armi. Ecco perché ho fatto un'accuratissima selezione di quello che è veramente necessario sapere e degli strumenti che funzionano meglio e fanno guadagnare di più.

Ora ti frulleranno un mucchio di domande in testa, del tipo: «Io investire autonomamente in Borsa senza l'ausilio di un esperto consulente? Ma questo è completamente pazzo! La Borsa per me è come un film in dialetto "portoricano" senza sottotitoli e questo mi viene a parlare di rendite altamente remunerative!»

Tranquillo, tranquillo! Sono solo convinzioni limitanti annidate nella nostra mente e che dobbiamo assolutamente eliminare, perché possono seriamente costituire un pericolo per la nostra libertà e capacità di cogliere le opportunità che si presentano nella vita. Avere o no convinzioni limitanti sottintende se la nostra mente collabora con noi o contro di noi.

Come ho già detto questo ebook è indirizzato sia a coloro che sono totalmente inesperti in materia (niente paura, anche per chi ha difficoltà a stare dietro a un conto corrente bancario ordinario), sia a chi è già in una fase avanzata.

Prima di cominciare ad entrare nel vivo dell'argomento, voglio dirti che la via più breve per diventare ricchi è esercitare la professione che ci piace veramente. Farla con passione, dedizione e senza avere convinzioni limitanti che assalgono i nostri pensieri positivi. Perciò sii forte, non mollare, hai comprato questo ebook. Bene! saggia decisione, sei sicuramente in dirittura di arrivo rispetto ai tuoi obiettivi finanziari più profondi.

Io ho avuto successo e continuerò ad avere successo in questo campo perché mi piace farlo. Anche quando ho perso, quando sono rimasto deluso dalle mancate remunerazioni, la passione e la dedizione per quest'attività mi hanno mantenuto sulla retta via professionale, ma soprattutto spirituale, perché tu ci creda o no, ricchezza e spirito sono molto connessi l'uno all'altro, si completano a vicenda. Ma questo non è il tema del presente ebook.

Comunque, come potrai apprendere nel corso della lettura, vivere di trading è possibile. Come? Acquisendo le conoscenze di base accuratamente selezionate per te in questo "gioiellino" di ebook.

Per concludere è ovvio che non consiglio di utilizzare gli strumenti e le strategie presentate nell'ebook come pura attività finalizzata al risparmio. Si tratta infatti di un'attività altamente remunerativa, ma altrettanto rischiosa, perciò se questa non è la tua "vodka" preferita, ti consiglio di conservare l'ebook per accendere il camino, si prevede un prossimo inverno rigido... senza rancore...

CAPITOLO 1:

Le azioni

Lo strumento finanziario che utilizzeremo nel nostro piano d'azione verso la ricchezza e l'indipendenza finanziaria è l'opzione, più propriamente "Stock options".

Le Stock options non sono nient'altro che degli strumenti finanziari derivati, cioè derivati delle azioni (o ETF) e pertanto, per comprendere il loro meccanismo, dobbiamo approfondire prima il "funzionamento finanziario" delle azioni (che poi è lo stesso per gli ETF, dal momento che sono contratti che hanno un andamento prezzo/tempo e sono scambiati come le azioni).

L'azione è lo strumento principale del mercato, come già saprai rappresenta una piccola quota del capitale sociale di un'azienda, e sì… se acquisti anche una singola azione Microsoft puoi vantarti di essere socio di Bill Gates allo 0,000... 01%. Stupefacente! Tutto il mercato ruota intorno alle azioni, tutto nella compravendita si riferisce alle azioni, dai prezzi ai volumi di scambio, dai grafici agli indicatori.

SEGRETO n. 1: comprendere lo strumento principale del mercato: ossia l'azione.

Analisi rischio/rendimento

Per capire il funzionamento di uno strumento finanziario che sia un'azione o un'opzione e così via ed analizzare e valutare dal punto di vista remunerativo l'investimento da effettuare, dobbiamo conoscere dei semplici grafici che fanno parte di una particolare e importantissima analisi, l'analisi rischio/rendimento.

Il fine ultimo di tale analisi è fare luce sulle potenzialità del nostro investimento, cioè capire quando e quanto si guadagna (se si è in guadagno) e quando e quanto si è in perdita (se si è in perdita). Scusa il gioco di parole.

Ci serviremo di un grafico molto semplice per rendere l'analisi più intuitiva. Esistono anche dei software che ti calcolano tutto automaticamente (dopo te ne indicherò uno), ma io preferisco farli mentalmente certi calcoli. Per tenere la mente allenata e per essere autosufficiente, ti consiglio di fare lo stesso. Soprattutto per chi sta iniziando, è brutto investire e non capirci nulla, no?

Il grafico è formato dai nostri soliti assi, dove sull'asse verticale si trovano il profitto e le perdite, sull'asse orizzontale la quotazione dell'azione del titolo che stiamo "tredando", o stiamo per "tredare".

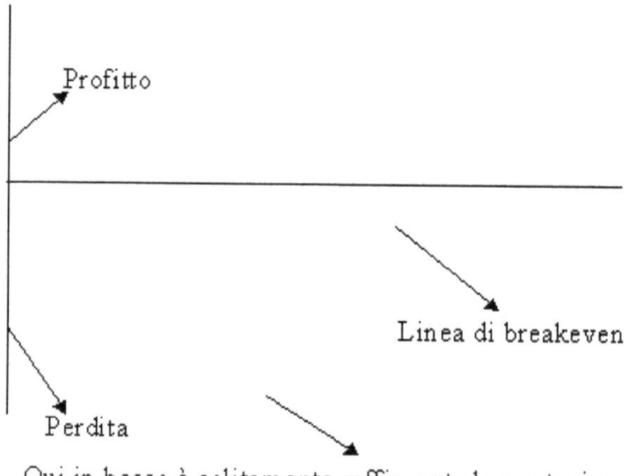

Inizieremo con l'analisi rischio/rendimento di un'azione. Consideriamo un esempio: un'azione è stata acquistata a 30$, dopo un mese si possono verificare tre scenari:

Evento 1 positivo: se la quotazione del titolo è salita sopra i 30$, per esempio 35$, per ogni azione comprata ho un guadagno di 5$. Grafico in profitto:

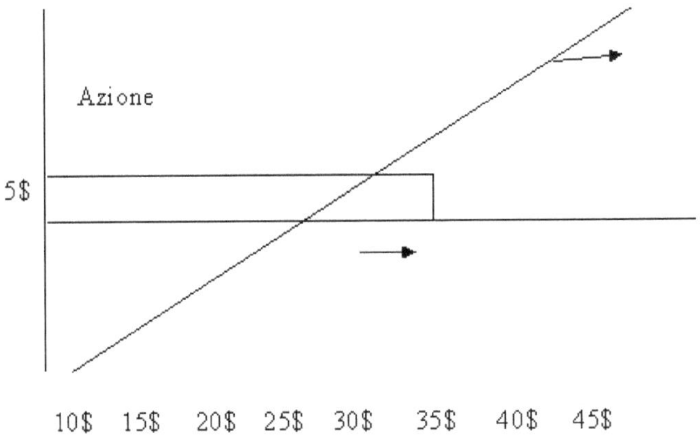

Evento 2 negativo: se la quotazione scende sotto i 30$, per esempio a 25$, per ogni azione comprata ho una perdita di 5$.

Grafico in perdita:

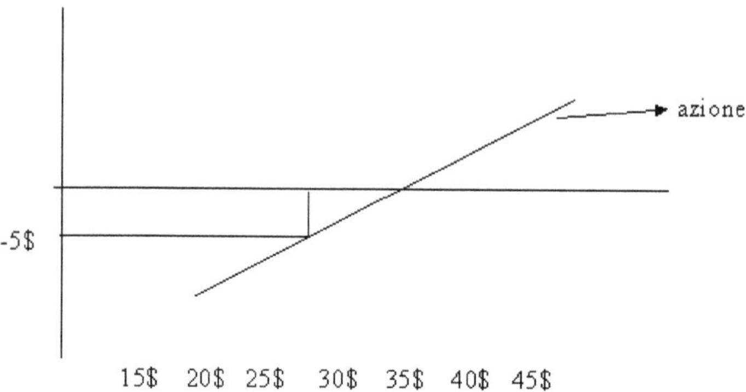

Evento 3: la quotazione del titolo rimane ferma, cioè si muove lateralmente, in questo caso non si consegue né un profitto né una perdita.

Come puoi intuire dal grafico la linea orizzontale tracciata in corrispondenza dello zero divide i profitti dalle perdite. Per cui quando si compra un'azione, se la linea che la rappresenta taglia dal basso verso l'alto la linea orizzontale dello zero, l'azione è in profitto, altrimenti è in perdita.

Il punto preciso in cui la linea dell'azione interseca la linea orizzontale dello zero prende il nome di "Breakeven" (BEP), ossia punto di pareggio, in questo preciso punto il nostro investimento non è né in perdita né in guadagno, al di sopra di esso si è in profitto, al di sotto di esso si è in perdita.

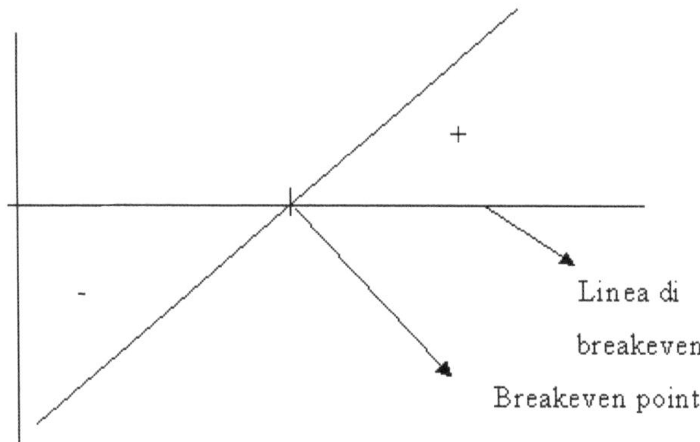

SEGRETO n. 2: capire esaustivamente il punto di Breakeven e la sua funzionalità.

SEGRETO n. 3: capire attentamente l'utilità dell'analisi rischio/rendimento.

Long e short stock

Le strategie applicabili con le azioni come unico strumento finanziario adottato sono solo due. Questo perché l' azione in sè rappresenta semplicemente le quota di partecipazione legata a un'azienda. La si può solo acquistare (posizione lunga o long stock) o vendere (posizione corta o short stock), a seconda se le attese sul titolo sono rispettivamente rialziste, cioè toro (bullish) o ribassiste, cioè orso (bearish).

Long stock

Questa strategia è semplicissima. Consiste in un acquisto di una o più azioni. Le previsioni, trattandosi di un acquisto, ovviamente sono rialziste, ossia bullish. Si prevede infatti un aumento del loro valore di mercato. Il rischio di questa strategia è limitato, perché si ferma al capitale investito, non va oltre, mentre il profitto è teoricamente illimitato. L'azione teoricamente potrebbe salire per quanti sono i numeri.

Quanti sono i numeri? Beh, potremmo stare a contarli in eterno, alla fine capiremmo che la risposta è: infinito, per questo il profitto è illimitato. Il rischio di perdere tutto il capitale è molto infrequente con il semplice acquisto di azioni.

Perché ciò accada l'azienda deve fallire sommersa dai debiti, tanto che la liquidazione verrà usata interamente per coprirli, ma non mancano i casi isolati, vedi Parmalat... Il rischio di perdite più piccole è molto più frequente invece, soprattutto se non si analizza il titolo in cui si vuole investire.

Ipotizziamo di acquistare un titolo al prezzo di 50$, si possono individuare tre casi diversi:

- prezzo stabile;
- rialzo;
- ribasso.

Se il prezzo è stabile il nostro profitto/perdita è nulla. Se il prezzo scende noi iniziamo a perdere, quindi la strategia long stock è fallita. Infine se l'azione sale noi iniziamo a guadagnare, perciò la strategia ha portato a dei buoni risultati.
Interpreta tutti e tre i casi consultando il seguente grafico:

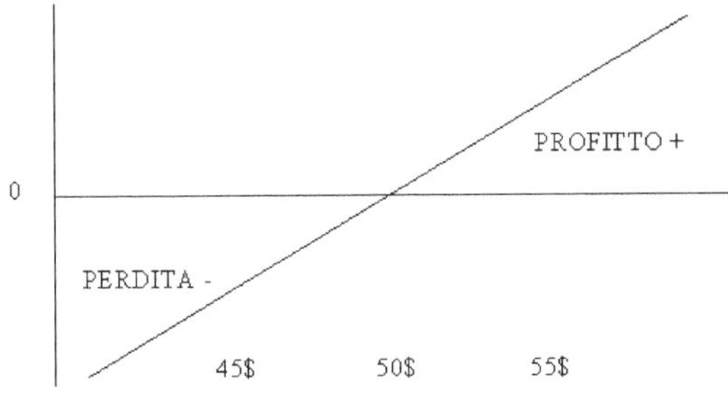

Il profitto è possibile solo se il prezzo dell'azione sale sopra il punto di Breakeven.

Short stock

Questa è una strategia già più complicata e soprattutto molto più rischiosa. Prima di spiegarti il perché ti premetto di non applicarla mai senza le adeguate coperture, cioè coperto o da un'altra e medesima azione acquistata (cosa improbabile perché non avrebbe senso), o coperto dalla combinazione con dei derivati. Questa strategia è applicata solo dagli insiders con in mano notizie certe della discesa o caduta del titolo. La strategia consiste nel vendere una o più azioni che non si possiedono, si chiama vendita allo scoperto. Il titolo ti viene prestato da altri investitori, ed entro una certa data lo devi riconsegnare rivalutato da una quota di interessi.

L'obiettivo è quello di vendere a prezzo superiore, per poi ricomprarlo in seguito a prezzo inferiore, quindi con un'aspettativa ribassista, in maniera tale da incassare la plusvalenza, o più semplicemente parte del credito ricevuto dalla vendita.

Dunque, ragioniamo, la strategia non è conveniente, soprattutto a chi è alle prime armi, perché il profitto, al contrario della long stock è limitato al credito ricevuto dalla vendita e per incassarlo tutto l'azienda deve fallire, mentre il rischio è teoricamente illimitato, perché l'azione potrebbe salire indeterminatamente.

Comunque niente paura, si sono verificati casi eclatanti in passato di patrimoni distrutti a causa dell'uso irresponsabile di questa strategia. Questo ha messo nei guai sia gli investitori, sia indirettamente anche i brokers, perché nel caso il cliente non riesca a coprire ci vanno di mezzo loro, o la società per cui lavorano.

Ciò ha portato al ricorso ad alcune precauzioni da parte di questi ultimi. Infatti oggi per aprire una posizione Short o paghi interamente il valore delle azioni come marginazione precauzionale per il broker (ti verranno restituiti alla chiusura dell'operazione se in profitto), oppure puoi "shortare" in proporzione alla marginazione del tuo conto, che dovrebbe aggirarsi ad un minimo di 10.000$ per l'apertura di una sola posizione allo scoperto. Oppure come è più usata qui in Italia ti viene indicata una cifra di massimo scoperto oltre la quale il broker ricompra automaticamente tagliando le perdite.

Per cui niente paura, ho sentito persone preoccupate di commettere un errore e aprire inavvertitamente posizioni short. Timore infondato, in quanto per farlo devi soddisfare determinati requisiti finanziari richiesti dal broker. E poi aprire una posizione short non è come aprirne una long.

Nel senso che per aprire una posizione long basta avere i soldi quanto basta per acquistare l'attività finanziaria richiesta, pagare le commissioni al broker e confermare l'ordine, mentre per una short ti verranno rivolte numerose domande prima di completare l'operazione, per non parlare del fatto che se possiedi un broker che si rispetti, riceverai una e-mail che ti avverte della posizione di scoperto. Ipotizziamo di vendere un'azione a 50$. Si possono verificare tre casi diversi:

- il prezzo resta fermo;
- rialzista;
- ribassista.

Se il prezzo resta fermo, dal punto di vista strategico non si avrà né una perdita né un profitto, ma molto probabilmente dovrai una quota di interessi al prestatore. Se il prezzo sale sei in perdita, perché dovrai riacquistare a un prezzo più alto di quanto hai venduto e Dio non voglia che salga troppo, a quel punto... auguri! Mentre se il titolo scende lo riacquisterai a prezzo inferiore con il credito ricevuto dalla vendita e incasserai la plusvalenza.

Chiariamo il tutto con un buon vecchio grafico:

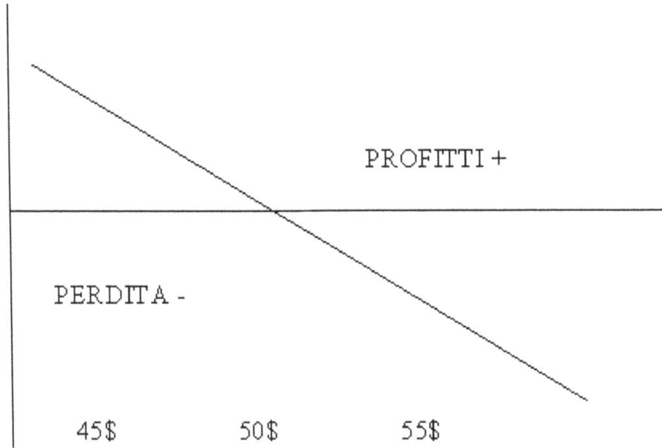

Come puoi vedere il profitto è possibile solo se il prezzo rimane sopra il punto di Breakeven.

SEGRETO n. 4: saper leggere ed interpretare a dovere i grafici rischio/rendimento.

SEGRETO n. 5: saper usare le azioni prima di accedere a strumenti finanziari da esse derivati.

RIEPILOGO DEL CAPITOLO 1:

- SEGRETO n. 1: comprendere lo strumento principale del mercato: ossia l'azione.
- SEGRETO n. 2: capire esaustivamente il punto di Breakeven e la sua funzionalità.
- SEGRETO n. 3: capire attentamente l'utilità dell'analisi rischio/rendimento.
- SEGRETO n. 4: saper leggere ed interpretare a dovere i grafici rischio/rendimento.
- SEGRETO n. 5: saper usare le azioni prima di accedere a strumenti finanziari da esse derivati.

CAPITOLO 2:
Le opzioni

Siamo finalmente arrivati allo strumento che utilizzeremo nei nostri trades per creare ricchezza, sono strumenti potentissimi, molto più potenti dal punto di vista finanziario delle azioni, sto parlando delle opzioni.

Le opzioni sono contratti a premio, emessi da enti autorizzati dalla Borsa valori a sottoscriverli e solo quelli possono essere negoziati. Tali enti sottoscrittori (Writer) devono soddisfare determinati parametri finanziari, in modo tale che per i loro "gonfi" attributi finanziari si fanno carico sicuramente di onorare l'impegno preso nel contratto (l'opzione appunto). Questi enti sono spesso infatti Società, o grandi operatori istituzionali, o potenti market makers.

L'opzione è un contratto tra due controparti (compratore e venditore) in base al quale si acquisisce, dietro il pagamento di un corrispettivo premio, il diritto, ma non l'obbligo, di comprare o vendere, entro una data scadenza (expiration date) e ad un prezzo prefissato (strike price), il valore di 100 azioni.

Bada bene che ho detto il diritto, ma non l'obbligo, cioè se entri in possesso di un'opzione non sei obbligato, né prima né entro la sua scadenza, a comprare o a vendere azioni ad un determinato strike price. Le opzioni infatti una volta scadute senza essere vendute e senza essere esercitate dal possessore perdono di valore, "muoiono" senza comportare alcun obbligo oppure onere finanziario.

SEGRETO n. 6: comprendere che cosa sono le opzioni.

I tipi di opzione

Ora voglio spiegarti una cosa. Esistono due tipi di contratti opzionali:

- le opzioni americane;
- le opzioni europee.

Iniziamo da quelle europee. Questi ultimi sono contratti molto poco flessibili e ti premetto che non li utilizzeremo mai. Infatti un'opzione europea può essere esercitata solo alla scadenza, nel senso che possiamo negoziarla o esercitarla solo alla scadenza e non prima. Come puoi capire si tratta di uno strumento poco pratico e flessibile, oltre al fatto che ci espone a inutili, se pur limitati, rischi finanziari.

Le opzioni americane sì che sono opzioni. Questi contratti infatti sono negoziabili o possono essere esercitati per l'intero arco della loro vita, cioè da appena li si compra fino a fine scadenza. Ciò rende questo strumento molto flessibile e pratico, perché fa guadagnare molto e possiamo venderlo appena siamo soddisfatti del profitto, oppure non appena le cose si mettono male. Possiamo uscirne in qualsiasi momento svendendo l'opzione, scongiurando in questo modo perdite enormi del capitale investito.

Ma attenzione: la denominazione dell'opzione non ti tragga in inganno. La distinzione tra europee e americane non significa che per esempio nei mercati europei si negoziano solo opzioni europee, in realtà si negoziano anche quelle americane, sono chiamate così per via della loro origine, ma sono entrambe negoziate in tutti i mercati mondiali indipendentemente dalla nomenclatura territoriale che le contraddistingue.

SEGRETO n. 7: comprendere la distinzione tra opzioni europee e opzioni americane.

Il destino delle opzioni

Il destino delle opzioni si riduce a tre differenti conclusioni:

- esercitarle;
- negoziarle;
- farle scadere.

L'esercizio di un'opzione al fine di comprare le azioni a cui fanno riferimento è una "manovra finanziaria" più frequente tra gli investitori e titolari d'impresa. Quando questi desiderano comprare le azioni di una Società, pagano ovviamente la differenza di prezzo tra strike price e sottostante con il versamento del premio, proprio come farebbe l'acquirente di un immobile con un compromesso che gli conferisce il diritto di acquisto entro una prestabilita scadenza e a un prezzo prestabilito.

Ma pensaci un attimo, in questo modo i grandi magnati della

finanza e i vari market makers, prima di acquisire una Società devono passare sui contratti d'opzione dei piccoli investitori, che controllano indirettamente la compravendita delle azioni con i loro contratti d'opzione e saranno disposti a pagare a peso d'oro tali contratti se l'azienda gli interessa davvero. Il bello delle opzioni è proprio questo: ossia avere il controllo di numerose azioni con poco capitale investito.

Noi traders non vogliamo acquisire Società, non vogliamo restare in un affare per lungo termine, per cui noi i contratti d'opzione li negoziamo solamente, ossia li compriamo e li vendiamo, o viceversa, a seconda delle aspettative di mercato e dei parametri della domanda (ask), dei compratori e dell'offerta (bid) dei venditori. Operando con opzioni americane possiamo o negoziarle prima della scadenza nel momento che riteniamo più vantaggioso, oppure farle scadere in profitto, ovviamente se l'opzione scade conservando un certo valore, il mercato te la pagherà per quanto vale, prima di portartela via.

SEGRETO n. 8: comprendere i tre destini di un'opzione: negoziazione, scadenza o esercizio.

Opzione Call

L'opzione Call, più semplicemente la Call, è il diritto, ma non l'obbligo, di acquistare 100 azioni di un determinato titolo a un prezzo stabilito precontrattualmente ed entro una data stabilita, dietro pagamento di un corrispettivo premio. Il diritto in capo al compratore comporta al venditore che ha sottoscritto l'opzione (ossia la fonte del contratto, cioè colui che possiede 100 azioni da poter consegnare) l'obbligo di consegnare 100 azioni.

Ovviamente l'opzione può passare da venditori a compratori intermedi più volte nel corso della sua vita, ma alla fine può capitare che vi sarà qualcuno che la esercita e non saremo di certo noi né ad esercitarla e né a consegnare le 100 azioni, infatti in caso di esercizio il venditore, in quanto sottoscrittore e fonte dell'opzione, dovrà consegnare 100 azioni all'ultimo compratore che ha esercitato il diritto di acquisto.

Chi è il venditore non lo sappiamo e non lo vogliamo sapere. Noi usiamo le opzioni solo per negoziarle a prezzo più alto una volta apprezzate. L'importante è che dal momento che il contratto ci appartiene le controlliamo noi quelle 100 azioni. Quando acquistiamo una Call, deteniamo il controllo sull'acquisto di 100 azioni, abbiamo perciò sicuramente delle aspettative bullish (toro).

Rendiamo il tutto più comprensibile con un esempio pratico: CAT quota a 73.5$, ho una previsione bullish, per cui compro una Call allo strike price di 75$ con scadenza alla fine del terzo venerdì del mese di aprile. Paghiamo il premio di 1.5$ per azione, lo moltiplichiamo per 100 dal momento che il diritto d'opzione controlla 100 azioni. Il premio complessivo pagato è di 150$.

Dopo una settimana la profezia si rivela veritiera e il titolo sale a 78$. Quanto vale ora la nostra opzione dal momento che il titolo prezza 78$ ma abbiamo un contratto che permette di acquistare le azioni del titolo a 75$? Quanto è disposto a valutarcelo il mercato? Beh, circa 350$, questo perché il titolo ha guadagnato 4.5 punti e la nostra opzione da 1.5$ per azione è schizzata a 3.0$ per azione. Però, niente male eh?

Abbiamo realizzato un profitto di 150$ e portato a casa in tutto

300$ e il tutto in una sola settimana, in questo frangente temporale abbiamo ottenuto 100% (ROI) e pensa se avessimo investito somme più rilevanti.

Nel caso in cui il titolo fosse sceso o rimasto fermo, avremmo perso denaro, perché la Call avrebbe perso valore. In quel caso possiamo decidere di vendere in perdita per cercare di salvare il salvabile, o di mantenerci nel mercato nei limiti della scadenza e sperare in una miracolosa controtendenza.
Vediamo il tutto graficamente:

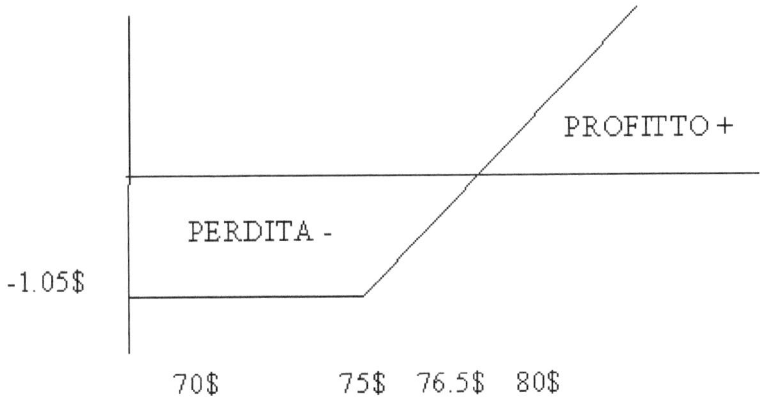

Come puoi vedere dal grafico la nostra Call inizia ad apprezzarsi solo dopo i 75$, ma in funzione del premio pagato inizieremo a guadagnare intrinsecamente solo sopra i 76.5$, perché questo è il nostro punto di Breakeven, oltre il quale più il titolo sale, più l'opzione acquisisce valore monetario e più guadagniamo al momento della vendita.

In realtà inizierai a guadagnare prima di questo punto. Questo è solo un buon valore indicativo, poiché tiene conto soltanto del valore intrinseco dell'opzione in funzione del premio pagato (approfondiremo il concetto nelle prossime pagine).

La spiegazione di ciò sta nel fatto che esistono più fattori che determinano il valore di un'opzione, dopo ti spiegherò quali sono e il perché. Abbi pazienza! Per ora ricorda che in una Call il nostro punto di Breakeven indicativo è: *Breakeven Point Call = Strike Price + Premio*

Opzione Put

L'opzione Put, o più semplicemente Put, è il diritto, ma non l'obbligo, di vendere 100 azioni di un determinato titolo a un determinato strike price prefissato ed entro una data stabilita, dietro, ovviamente, il pagamento di un corrispettivo premio. Il diritto in capo al compratore comporta l'obbligo al venditore che ha promulgato l'opzione di consegnare alla richiesta del venditore che la esercita (e se ci sarà qualcuno che la esercita) le 100 azioni del sottostante al prezzo prefissato.

Quando acquisto una Put, compro un contratto che mi conferisce il diritto di vendere delle azioni, per cui ho sicuramente delle aspettative bearish (orso).

Facciamo un esempio pratico: MMM quota a 53.7$, ho prospettive ribassiste per cui compro un'opzione Put con strike price 50$ e scadenza il terzo venerdì del mese di maggio. Il premio pagato al venditore è 0.90$ per singola azione, per 100, fa 90$ in tutto. Il titolo dopo 3 giorni ha un crollo di 7 punti e scende a 46.7$, la mia opzione si apprezza di 2.4$ per azione e il suo valore da 0.9 per azione passa a 3.3$ per azione.

Profitto: 240$. Capitale investito? 90$. Ritorno dell'investimento (ROI): 266% in 3 giorni lavorativi! Portiamo a casa in tutto 330$. E considera che stiamo operando con un solo contratto!

Se ad esempio fossero stati già due, il capitale investito ammonterebbe a 180$, ma avremmo portato a casa già 660$. Nel caso in cui il titolo fosse salito, per le Put valgono le stesse scelte che per le Call. O le vendiamo limitando il più possibile le perdite, oppure le teniamo sperando entro la data di scadenza in una controtendenza della quotazione del titolo.

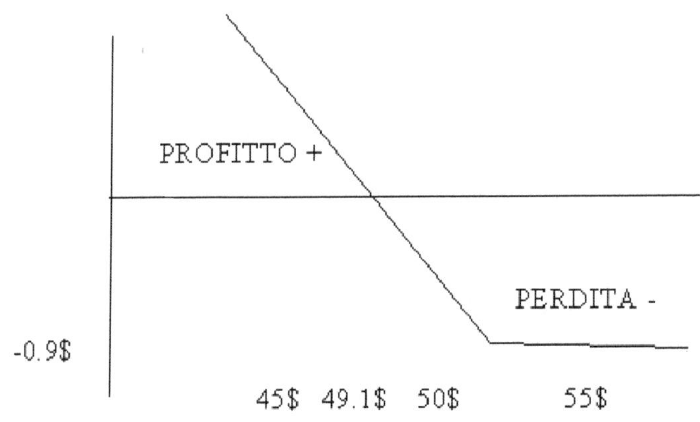

La Put inizia ad apprezzarsi intrinsecamente solo dopo i 50$, ma in virtù del premio pagato il nostro punto di Breakeven è 49.1$, ossia il punto sopra il quale inizieremo a guadagnare; più il prezzo scende, meglio è! Il punto di Breakeven è pari:

Breakeven Point Put = Strike Price – Premio

SEGRETO n. 9: riconoscere la sostanziale differenza tra opzioni di diversa natura (Call e Put).

La vera utilità delle opzioni: la strategia Hedging

Ora, dopo tutte queste lezioni di speculazione, ti mostro il perché sono nate le opzioni. I motivi sono sostanzialmente tre, il desiderio da parte dei grandi azionisti di introdurre contratti che andassero a migliorare il loro margine di guadagno, l'introduzione di più liquidità e quindi di più capitale su cui fare leva nel mercato e il desiderio da parte degli investitori di tutelarsi da probabili perdite, derivanti dal calo eccessivo dei prezzi delle azioni acquistate.

La spiegazione di quest'ultima si può capire capendo a sua volta la strategia Hedging: Se un investitore è preoccupato che, un determinato asset in suo possesso possa stornare, ma non è certo che questo possa realmente accadere, potrebbe rinunciare a una parte del rendimento e acquistare un'opzione Put di copertura sul medesimo sottostante.

Si tratta di costruirsi una strategia combinata tra azioni e opzioni che permette di individuare la perdita massima che si vuole subire nel caso in cui la quotazione del titolo scendesse, per un determinato arco temporale (durata dell'opzione), a fronte del pagamento del premio dell'opzione Put. Facciamo come al solito un esempio pratico: Consideriamo un investitore nel mese di marzo, che possiede il titolo STM e ora quota 13.5$.

Ammettiamo che è preso dal panico e vuole coprirsi da un eventuale ma incerto calo della quotazione. L'investitore può applicare una Hedging, ossia può acquistare un'opzione Put con strike 13.5$ a scadenza maggio, corrispondendo un premio di 0.9$. Il costo della copertura è pari al 6,7% del valore di STM e costituisce la perdita massima che si subirà qualora il titolo intraprendesse una fase di calo. Cioè il calo e la perdita di valore delle azioni è compensato dall'apprezzamento della Put, che consente un taglio alle perdite.

Qualora invece il titolo rimanga fermo o salga, allora si assisterà a un calo dell'opzione acquistata fino ad assumere un valore zero alla sua scadenza. La strategia Hedging è quindi simile al contrarre una polizza assicurativa, in cui si sostiene un costo periodico senza sapere se in futuro ci sarà o no bisogno del risarcimento.

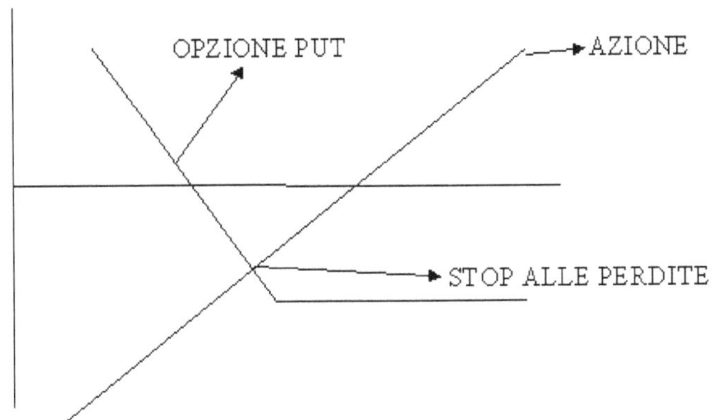

Questa è una strategia che a noi non interessa per far soldi, perché non opereremo con le azioni, ma penso sia un know-how utile da acquisire per capire la funzione delle opzioni nel mercato oltre al loro singolo utilizzo. Un buon trader queste cose le sa.

SEGRETO n. 10: comprendere l'utilità delle opzioni.

RIEPILOGO DEL CAPITOLO 2:

- SEGRETO n. 6: comprendere che cosa sono le opzioni.
- SEGRETO n. 7: comprendere la distinzione tra opzioni europee e opzioni americane.
- SEGRETO n. 8: comprendere i tre destini di un’opzione (negoziazione, scadenza o esercizio).
- SEGRETO n. 9: riconoscere la sostanziale differenza tra opzioni di diversa natura (Call e Put).
- SEGRETO n. 10: comprendere le opzioni e la loro utilità.

CAPITOLO 3:
Il valore delle opzioni

Ora per capire come usare le opzioni dobbiamo capire cosa determina il prezzo di un'opzione. Il premio pagato per comperare o vendere un'opzione è il risultato di tre elementi:

- il valore intrinseco;
- il tempo;
- la volatilità.

SEGRETO n. 11: capire di che cosa è composto il premio di un'opzione, ossia il suo valore.

Il valore intrinseco

Il valore intrinseco è dato dalla differenza tra lo strike price prefissato nell'opzione e il valore attuale dell'azione, ossia il sottostante. Si tratta della porzione del valore (in termini di prezzo) di un'opzione che non risente del trascorrere del tempo e non dipende dalla volatilità con cui è scambiato il titolo. In una Call il valore intrinseco è pari: *Sottostante – Strike Price;* in una Put il valore intrinseco è pari: *Strike Price – Sottostante.* Dal valore intrinseco possiamo classificare le opzioni in:

- in the money (ITM);
- at the money (ATM);
- out of the money (OTM).

Definiamo un'opzione "in the money" quando possiede valore intrinseco, cioè la differenza tra strike price e sottostante o viceversa, a seconda se si tratta di una Put o di una Call, è positiva. Ricorda che più è alto il valore intrinseco, più l'opzione è "in the money", più aumenta il costo per entrarne in possesso o il suo prezzo di vendita.

Definiamo un'opzione "at the money" quando lo strike price è il più possibile vicino al sottostante, definendo così una posizione più neutrale rispetto alla posizione "in the money". La differenza tra strike price e sottostante o viceversa, a seconda se si tratti di una Put o di una Call, deve essere il più possibile uguale a zero.

Può possedere o no un po' di valore intrinseco, questo perché gli strike disponibili sono spesso in numeri interi e discontinui, perciò non "aderiscono" perfettamente al sottostante.

Definiamo un'opzione "out of the money" quando non possiede valore intrinseco, cioè la differenza tra strike price e sottostante o viceversa, a seconda se si tratti di una Put o di una Call, è negativo, per cui il valore intrinseco è pari a 0$. Il premio in questi casi è determinato interamente dal fattore tempo e dalla volatilità. Ricorda che più la differenza è negativa più l'opzione è "out of the money".

La seguente tabella riportante una serie di strike price rispetto a un sottostante, ti chiarirà le idee. Ammettiamo che IBM prezzi a 50$ è vogliamo sapere di che natura sia una Call in base al suo strike, cioè se ATM, ITM o OTM:

STRIKE PRICE	MONEYNESS CALL
25$	DEEP IN OF THE MONEY
30$	ITM
45$	ITM
50$	ATM
55$	OTM
60$	OTM
65$	DEEP OUT OF THE MONEY

Ora ammettiamo sempre che IBM prezzi a 50$, questa volta però consideriamo una Put:

STRIKE PRICE	MONEYNESS PUT
35$	DEEP IN OUT OF THE MONEY
40$	OTM
45$	OTM
50$	ATM
55$	ITM
60$	ITM
65$	DEEP IN THE MONEY

SEGRETO n. 12: comprendere la classificazione delle opzioni in base al loro valore intrinseco (ITM, ATM o OTM).

Il time decay

Un altro elemento fondamentale e che paghiamo compreso nel premio è il fattore tempo. Le opzioni a differenza delle azioni hanno una scadenza e risentono del trascorrere del tempo (time decay). Infatti, più è prorogata la scadenza, più il premio per entrarne in possesso aumenta. Il tempo è un fattore irrecuperabile, che consuma il valore della nostra opzione giorno dopo giorno, considerando che al trascorrere del tempo, la probabilità di successo diminuisce.

La velocità con cui si deprezza dipende dalla scadenza scelta, infatti più l'opzione scade a breve termine e più è sensibile al trascorrere del tempo e si deprezza maggiormente. E ricorda di vendere prima dello scoccare degli ultimi 10 giorni di vita dell'opzione, perché è in questo arco di tempo che l'opzione subisce il maggior deprezzamento temporale.

Possiamo riassumere il graficamente il time decay:

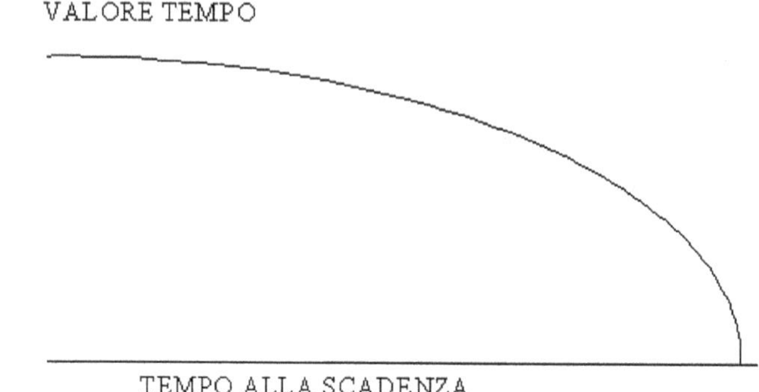

In merito alla durata di un'opzione ricorda che scadono sempre alla chiusura della giornata del terzo venerdì del mese di contrattazione a cui la scadenza si riferisce.

SEGRETO n. 13: comprendere l'effetto del time decay.

La volatilità implicita

Infine il terzo elemento che compone l'ammontare del premio da pagare di un'opzione è la volatilità implicita. La volatilità implicita è una grandezza non riferita al sottostante, ma al prezzo di un'opzione ed esprime in termini percentuali (in percentili) la potenziale variazione della volatilità futura che si deve pagare compresa nel premio per entrare in possesso di una determinata opzione. Ogni opzione ha una volatilità implicita diversa, in quanto presenta aspettative diverse sul movimento del titolo nel riferimento temporale considerato.

SEGRETO n. 14: comprendere come la volatilità influenza il valore delle opzioni.

L'influenza dei tre fattori

Abbiamo capito di cosa è composto realmente il premio di un'opzione. Ora vediamo con quali criteri si combinano tra loro in un unico premio. Infatti c'è ancora da dire che l'influenza di ognuno dei tre parametri (volatilità implicita, volatilità storica e volatilità futura), cambia a seconda di due fattori:

- la scadenza;
- lo strike price.

Il fattore scadenza è ovvio che è una cosa che implica il tempo. Infatti più è prorogata nel tempo la scadenza, più l'opzione si apprezza di valore tempo e più aumenta il costo per entrarne in possesso. Ma, sotto sotto, influenza anche la volatilità implicita, questo perché spesso nelle opzioni, più la scadenza è a lungo termine, più si paga di meno il fattore volatilità. Cioè diventa meno influenzante sul premio pagato, questo perché è difficile stimare la volatilità implicita di un'opzione a lungo termine (Leap).

Perciò, vista l'incertezza di un'analisi di volatilità a lungo termine, i venditori cercano di contenersi e ci vanno coi piedi di "piombo" prima di "sparare" prezzi esorbitanti, al fine di trovare acquirenti disposti a comprare il contratto.

Meno ovvio è il fattore dello strike price, perché a seconda se si tratti di uno strike price ATM, ITM o OTM, l'incidenza dei tre fattori cambia. Infatti più uno strike price è ATM e più il valore del premio è molto sensibile al fattore volatilità e tempo, mentre scarseggia di valore intrinseco.

Al contrario più si procede verso l'"esterno", cioè ci si allontana dallo strike ATM e si procede verso strike price ITM o OTM sempre più "profondi", e più il valore volatilità e tempo hanno meno valore, mentre il fattore valore intrinseco nelle ITM assume un'importanza molto più rilevante in termini di porzioni che compongono il premio pagato.

Per capire meglio stiliamo uno schemino. Consideriamo il valore di una Call su Google, il prezzo di mercato del titolo è di 187$. Nella tabella seguente abbiamo in corrispondenza degli strike price, l'influenza dei tre elementi caratterizzanti il premio, ossia valore intrinseco, valore tempo e volatilità:

Strike	Call	Premio	Val. Intrin.	Val. Imp.	Val. tempo
170$	ITM	18.3$	17$	0.6$	0.7$
175$	ITM	13.6$	12$	0.8$	0.8$
180$	ITM	9$	7$	1$	1$
185$	ATM	4.2$	2$	1.1$	1.1$
190$	OTM	4$	0$	2$	2$
195$	OTM	2$	0$	1$	1$
200$	OTM	1$	0$	0.5$	0.5$

Ora che hai capito che cosa dà valore a un'opzione, posso spiegarti che il punto di breakeven calcolato manualmente è solo un buon valore indicativo. In realtà la nostra opzione inizierà ad essere in guadagno molto prima del punto di Breakeven, questo perché noi aggiungiamo o sottraiamo allo strike price il premio pagato, che come sai non comprende solo il valore intrinseco, ma anche il fattore tempo e volatilità.

Perciò il vero punto di Breakeven è quello composto dalla differenza o somma tra lo strike e il premio in cui vengono sottratti il valore del fattore tempo non ancora trascorso e il valore della volatilità. Spesso però il fattore tempo e volatilità variano da giorno in giorno, anche in funzione dei movimenti del titolo, perciò risulta difficile senza un software star dietro al punto di Breakeven, che risulta "mobile" di giorno in giorno. Così per semplificare le cose consideriamo il premio intero come parametro algebricamente sommato.

SEGRETO n. 15: capire l'influenza sul premio dell'opzione dei tre fattori combinati (valore intrinseco, time decay e volatilità).

RIEPILOGO DEL CAPITOLO 3:

- SEGRETO n. 11: capire di che cosa è composto il premio di un'opzione, ossia il suo valore.
- SEGRETO n. 12: comprendere la classificazione delle opzioni in base al loro valore intrinseco (ITM, ATM o OTM).
- SEGRETO n. 13: comprendere l'effetto del time decay.
- SEGRETO n. 14: comprendere come la volatilità influenza il valore delle opzioni.
- SEGRETO n. 15: capire l'influenza sul premio dell'opzione dei tre fattori combinati (valore intrinseco, time decay e volatilità).

CAPITOLO 4:

Le greche

Abbiamo fino ad ora visto, grazie allo studio delle azioni, come è impostata graficamente un'analisi rischio/rendimento. Ma quando si parla di opzioni, dal momento che il loro prezzo è determinato da più elementi (valore intrinseco, tempo e volatilità), oltre ad un'analisi grafica esistono altri fattori che ci permettono un'ulteriore elemento analitico-interpretativo: l'analisi delle greche.

Sono lettere dell'alfabeto greco, ognuna rappresentante un valore o positivo o negativo, che ci fornisce informazioni sulla natura della nostra opzione, quindi indirettamente del nostro trade. Il loro calcolo richiede delle complicate formule (dette di Black & Scholes) in quanto variano al variare di fattori instabili come l'incidenza del tempo e della volatilità, ma non ti preoccupare.

Ogni software o simulatore che si rispetti ti fornirà le greche già calcolate e sempre aggiornate. Sono in realtà molto semplici da utilizzare e utili a comprendere le caratteristiche stesse di un'opzione in cui si sta per investire e su cui si vuole impostare una particolare strategia.

Le greche principali sono:

- Delta;
- Gamma;
- Theta;
- Vega.

Delta indica come si posiziona il sottostante nei confronti della nostra posizione. Definisce la "direzionalità" di una posizione e viene presa soprattutto in considerazione per verificare o meno la "neutralità" di una strategia rispetto al sottostante. Questo per impostare determinate strategie che vedremo nel prossimo capitolo.

Può assumere valori numerici sia positivi che negativi, ma tra -1 e 1, oppure può essere espressa in percentuale. Corrisponde alla distanza di una posizione dal punto di Breakeven, che poi in realtà è una vicinanza più che una distanza. Infatti più è negativa e più un trade "pende" verso l'apprezzamento delle Put, più è positiva più un trade "pende" verso l'apprezzamento delle Call. A seconda del tipo di opzione esprime la vicinanza dai punti di Breakeven, può essere un vantaggio o uno svantaggio. Per le opzioni OTM è vicina allo zero, per quelle ATM intorno a 0,50 e infine per le ITM è vicina a 1.

Alla luce di ciò possiamo anticipare che nelle strategie direzionali (cioè strategie che prendono profitto dal movimento del titolo in una specifica e sola direzione) l'indicatore Delta deve essere il più possibile negativo o positivo, a seconda se si tratti di una strategia costruita con le Put o con le Call.

Viceversa se si tratta di strategie non direzionali (che prendono vantaggio dal movimento del titolo indipendentemente dalla sua direzione) il Delta deve essere il più possibile uguale a zero, cioè neutrale. Infine se si tratta di una strategia che guadagna dalla "lateralità" del titolo, il Delta deve essere il più possibile uguale a 0,50 (con le Call) o -0,50 (con le Put).

Inoltre è importante sottolineare che il Delta dipende molto dalla durata residua dell'opzione, in quanto un'opzione con una settimana di vita residua avrà un Delta più basso di una stessa opzione con vita residua di tre mesi. Queste considerazioni sono importanti per la corretta "funzionalità" delle strategie. Consideratele una buona premessa per i capitoli riguardanti le strategie.

L'indicatore Delta deve essere: positivo per compratori di Call e venditori di Put; Negativo per compratori di Put e venditori di Call; Infine il più possibile vicino a zero per chi pratica trading non direzionale.

Gamma: rappresenta la sensibilità del Delta rispetto al movimento del prezzo del sottostante. Esprime infatti lo scostamento potenziale che un titolo può avere, definito anche come "accelerazione", intesa come la velocità con cui varia il Delta al variare del sottostante. Assume valori numerici tra zero e uno, positivi se l'azione sale e negativi se l'azione scende, indipendentemente se si tratti di Call o Put.

Più lo strike è ATM e più assume valori rilevanti, mentre diminuisce man mano che le opzioni diventano OTM o ITM. Inoltre avvicinandosi alla data di scadenza il Gamma aumenta in maniera sensibile. Risulta perciò facilmente intuibile che le opzioni ATM vicine alla scadenza sono quelle che possiedono il Gamma più alto. Come si può intuire Gamma rappresenta un vantaggio per chi compra e uno svantaggio per chi vende cercando di trarre beneficio dalla lateralità del titolo nel tempo.

Theta: indica la sensibilità del premio al trascorrere del tempo, più propriamente definisce in termini o numerici o monetari il time decay, ossia la perdita di valore della nostra opzione nel tempo. Ad esempio , se un'opzione ha un Theta pari a 0,20, il suo valore si riduce di 20 cents al ridursi della durata di un giorno. Può assumere valori positivi o negativi a seconda di come si pone nei confronti del nostro trade: negativa per i compratori; positiva per i venditori.

Vega: indica la sensibilità del premio nei confronti della variazione di volatilità implicita del sottostante. Infatti rappresenta l'incidenza della volatilità implicita nei confronti di un trade, in termini o numerici o monetari. Se ad esempio un'opzione ha un Vega pari a 0,50, ciò significa che il premio dell'opzione aumenterà (diminuirà) di 0.50$ in seguito ad un aumento (riduzione) di un punto percentuale della volatilità implicita del sottostante. Può essere positiva o negativa. Per essere un vantaggio deve essere: positiva per i compratori; negativa per i venditori.

SEGRETO n. 16: capire e sapere interpretare le greche.

SEGRETO n. 17: utilizzare le greche per effettuare una completa analisi rischio/rendimento.

I due tipi di volatilità

In merito all'argomento volatilità facciamo definitivamente luce. La volatilità semplicemente intesa si riferisce alle oscillazioni di prezzo del sottostante, compiute in un determinato arco temporale lungo o corto che sia. Alla luce di ciò possiamo distinguere tra:

- volatilità riferita al sottostante;
- volatilità riferita ai contratti.

La volatilità riferita al sottostante si riferisce alle oscillazioni di prezzo dell'azione e si divide in volatilità storica e volatilità futura. La volatilità storica riguarda lo studio delle oscillazioni compiute dal titolo in passato, recente o remoto che sia. Ricorda che anche le oscillazioni compiute un giorno o un minuto addietro sono considerate volatilità storica (ecco perché non ha senso parlare di volatilità presente).

La volatilità storica serve a prevedere la volatilità futura, cioè studiando la volatilità storica è possibile prevedere con buone probabilità le intensità delle oscillazioni future.

Esiste tuttavia un altro tipo di volatilità, ricavata dalle stime della volatilità futura per quantificare il prezzo di un'opzione, che non si riferisce direttamente al sottostante, ma solo indirettamente. In realtà si riferisce al prezzo delle opzioni.

La volatilità in questione, ossia la volatilità implicita, è espressa in percentuale (percentili) ed è quantificata in base alle aspettative di volatilità futura, ciò si ripercuoterà monetariamente sul prezzo dell'opzione. Influenza inoltre il valore della lettera greca Vega.

La volatilità implicita è quindi la volatilità che ha l'incidenza sul valore di mercato di un'opzione.

Comunque al di là di questo, come si può capire, la volatilità riferita al sottostante e la volatilità implicita sono dipendenti l'uno dall'altra. Infatti più il sottostante oscilla e più la volatilità implicita delle opzioni riferite a quel sottostante aumenta.

Inoltre posso dirti che, quasi sempre, una grande manifestazione di volatilità è accompagnata da volumi di scambio altrettanto numerosi.

Infatti nella stragrande maggioranza dei casi sono dipendenti l'una dagli altri. Cioè un aumento degli scambi porta inevitabilmente a un aumento delle oscillazioni, viceversa una diminuzione degli scambi porta a una diminuzione delle oscillazioni.

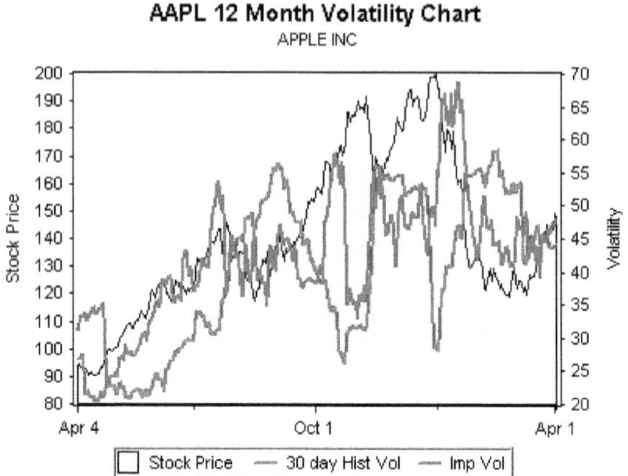

Eccoti un sistematico schema di divisione della volatilità:

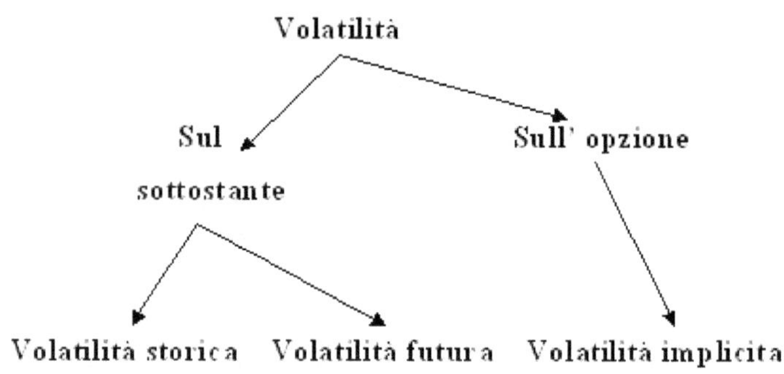

È evidente oramai l'incidenza della volatilità sul premio di un'opzione, per cui voglio darti un buon consiglio, in merito a questo argomento, che chiuderà l'argomentazione dell'analisi della volatilità definitivamente. Effettua operazioni di acquisto sempre a volatilità implicita bassa ma crescente. Cioè l'acquisto è conveniente quando la volatilità implicita è in crescita e si trova o ancora sotto la volatilità storica, o ha tagliato a rialzo quest'ultima da poco. L'importante è assicurarsi che non abbia raggiunto un punto di massimo oltre il quale ricomincerà a scendere.

Tutto questo per sfruttare al meglio l'apprezzamento dell'acquisto, dovuto sia a un probabile movimento compiuto dalla quotazione, sia dalla molto probabile volatilità implicita crescente nelle battute successive. A questo punto infatti l'opzione si riempirà parecchio di valore volatilità, nel caso di volatilità implicita crescente, e il mercato ci premierà al momento della vendita.

Vale il ragionamento opposto se si tratta di una vendita. Cioè venderemo nel momento in cui il titolo si trova nei massimi di volatilità o quando quest'ultima è decrescente o sopra, o subito sotto, la volatilità storica.

Quando ciò accade il titolo spesso sta tentando una stabilizzazione della quotazione. Tutto ciò per sfruttare il deprezzamento causato dal calo di volatilità delle opzioni vendute, che si ripercuoterà nelle nostre tasche in termini di profitto.

SEGRETO n. 18: conoscere e capire la differenza tra volatilità storica e volatilità implicita.

Altre greche di minore importanza

Chiusa questa parentesi torniamo alle greche. In realtà esistono altre tre greche, ossia Rho, Omega e Phi. Rho rappresenta la sensibilità del premio al variare dei tassi di interesse, che inevitabilmente hanno un impatto sul valore di un'azione, per cui indirettamente sul valore di un'opzione.

Omega misura la sensibilità del prezzo di un'opzione in rapporto alle variazioni del sottostante. Infine Phi misura l'incidenza del valore dei dividendi sul premio dell'opzione. In merito a ciò ricorda che l'effetto dividendo può essere consistente sul prezzo dell'azione, per cui indirettamente anche su un'opzione.

Comunque le principali greche tra quelle menzionate, le più usate dai traders e che hanno l'impatto più significativo sul valore delle opzioni, sono: Delta, Gamma, Theta e Vega, calcolate da ogni comune software.

Con le greche abbiamo terminato il quadro completo dell'analisi rischio/rendimento e possiamo riorganizzare le idee con il seguente schema:

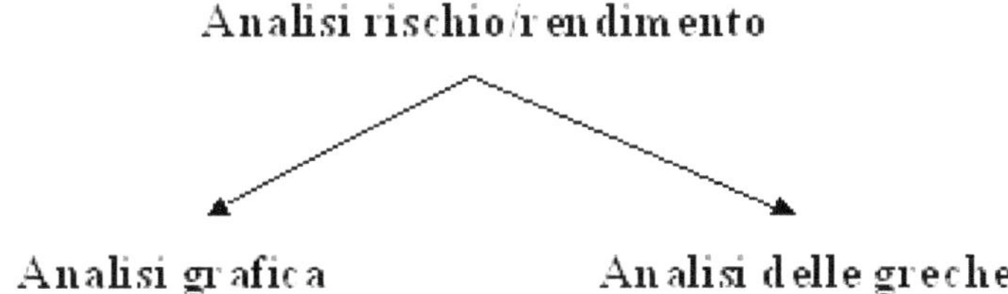

Il potentissimo effetto leva delle opzioni

Ora che abbiamo definitivamente completato il quadro del valore di un'opzione, parliamo di fatti pratici e del potenziale finanziario di un'opzione. Per fare ciò e rendere tutto meno pesante faremo un confronto tra un investimento azionario, il più diffuso, e un investimento opzionale, meno diffuso perché considerato dai consulenti della “grandi” banche italiane rischioso e difficile da gestire. Entrambe le operazioni sono svolte su uno stesso titolo e nello stesso arco temporale.

Immaginiamo di aprire due posizioni il giorno 22/04/2008. Scegliamo Microsoft, che quel giorno prezza 30$ ad azione. Compriamo 1000 azioni, per un capitale investito di 30.000$ e allo stesso tempo compriamo 10 opzioni Call con strike price ATM di 30$, al prezzo di 2$ l’una e a scadenza luglio 2008. Il nostro punto di Breakeven è 32$. Con questa operazione abbiamo il controllo su 1000 azioni (10 x 100), capitale investito 2000$. Entrambe le operazioni hanno auspicabilmente delle aspettative rialziste.

Ora ammettiamo che dopo tre settimane, e dopo utili molto promettenti, il prezzo delle azioni salga a 39$, andiamo a confrontare il ROI dei due investimenti: un’azione comprata valeva in origine 30$, ora è salita a 39$, per cui si ha un ricavo di 9$ per azione. Ne avevamo acquistate 1000, perciò 9$ x 1000 = 9000$. L’utile dell’operazione è di 9000$, cioè un ROI pari al 30% di 30.000$.

Passiamo al secondo investimento. Le opzioni acquistate valevano in principio 2$ ciascuna. Il capitale investito era di 2000$, cioè 2$ x 100 x 10. Il titolo è salito di 9 punti, per cui intrinsecamente, senza tener conto della volatilità acquisita dal titolo (che apprezzerebbe ancor di più le nostre opzioni), la nostra opzione si apprezza di 5$ (7$ - 2$ = 5$).

Ora il valore delle nostre opzioni è di 7$ ciascuna, moltiplicandole per il controllo di 100 azioni di ogni singola delle 10, otteniamo: 7$ x 100 x 10 = 7000$. L'utile dell'operazione è 7000$, ma a quanto ammontava il capitale investito? Beh, 2000$, ciò si traduce in un ROI del 350%, contro il ROI dell'operazione in azioni pari al "solo" 30%. Questo è un esempio di effetto leva: "alzare" tanto con poco.

Ma c'è di più, tanto per affrontare l'argomento rischio. E se le azioni fossero tragicamente scese specularmente all'esempio precedente di 9 punti? Con le azioni avresti subito una perdita specularmente uguale alla precedente, ossia di - 9000$. Mentre con una caduta del genere il valore delle opzioni scende quasi a zero e la perdita massima si ferma al premio pagato cioè: - 2000$.

Ciò è un esempio di minori rischi con maggiore leva e probabilità di guadagni.

A proposito di effetto leva, per sfruttarlo al massimo con le opzioni è bene operare con strikes ATM e OTM se si tratta di una posizione d'acquisto (Long), cioè il più possibile deprezzate di valore intrinseco (questo ovviamente nei limiti della convenienza). Viceversa meglio scegliere strikes ITM se si tratta di una posizione di vendita (Short). Questo per massimizzare l'incasso e quindi il potenziale profitto.

SEGRETO n. 19: capire e sfruttare il potentissimo effetto leva delle opzioni.

Il mercato USA

Esistono numerosi mercati in tutto il mondo, dove le aziende pubblicano la propria offerta pubblica di acquisto o pubblicano i propri "split" azionari (immissione di altre azioni nel mercato da parte di una società già quotata).

Nella nostra professione abbiamo bisogno di mercati ad alta capitalizzazione (high market cap), soprattutto per chi opera con le opzioni, questo ci assicura un mercato molto "liquido", cioè capitalizzato e sempre in movimento.

In questo tipo di mercato esistono a sua volta aziende ipercapitalizzate (market cap = prezzo x n. azioni; elevato) con grossi flottanti (le aziende che presentano tali caratteristiche sono chiamate nel gergo di Borsa "Blue chips"), dove i contratti sono scambiati in maniera frequente e fluida e dove, grazie a una grande polverizzazione o differenziazione delle domanda e dell'offerta, esistono sempre delle controparti con cui accordare gli scambi (visto l'alto numero di persone che vi operano).

Ciò è una garanzia del fatto che in un mercato fortemente capitalizzato come quello USA ci saranno sempre acquirenti con cui accordarsi (open interest), cioè riusciremo sempre a vendere e a comprare, senza che vi sia il pericolo di non avere nessuno con cui farlo (a meno che non si scelga uno strike price dell'altro mondo, in questo caso ce lo siamo andati proprio a cercare).

Questo accade di solito nei mercati dove sussiste una grande concentrazione (l'opposto di differenziazione) della domanda e dell'offerta. Fatto davvero irritante. Pensa se ti trovassi nel punto di volerti sbarazzare di un contratto e non avere acquirenti per farlo…

Ma non preoccuparti, questi "incesti" non capitano nel mercato USA, la madrepatria di tutti i mercati, dove è stata sancita la nascita della "sacrosanta" opzione americana, ossia lo strumento che ci farà diventare milionari. Per non parlare del fatto che nel mercato USA sono quotate le più grandi aziende e multinazionali del mondo e questo ci assicura tutta la liquidità di questo mondo su cui far leva.

Bada bene, che sto parlando di mercato al singolare solo dal punto di vista generico. In realtà in USA, come in altri paesi, possono esistere più mercati di quotazione. I principali mercati USA, o meglio i più capitalizzati, sono:

- il NYSE;
- il NASDAQ;
- l'AMEX.

Il NYSE è il mercato più vecchio, ma resta sempre il più ambito del mondo. Qui sono quotate le aziende più capitalizzate e industrializzate del mondo, anche aziende al di fuori del nuovo continente. Ne è un esempio la Sony, azienda tipicamente nata e sviluppatasi in Giappone. Il NASDAQ è considerato il secondo mercato mondiale in termini di capitalizzazione. Esso raccoglie le maggiori aziende tecnologiche e informatiche del pianeta.

L'AMEX è il mercato nato più recentemente, è meno capitalizzato degli altri due, questo perché molti investitori non sono attirati dal mettere liquidità in questo mercato, dato che le aziende ivi quotate sono più modeste in termini di capitale sociale e prestigio. Ciò in parte è dovuto anche agli standard minimi di ingresso richiesti, meno rigidi e prosperosi.

Ogni singolo mercato può avere un raggruppamento di titoli in base a certe caratteristiche che li accomunano. I titoli vengono raggruppati infatti in panieri detti indici. Ci serviremo degli indici più capitalizzati, cioè quelli del NYSE e quelli del NASDAQ. Il NYSE ci offre il Dow Jones, un paniere di titoli che raggruppa le aziende industriali più forti, e l'S&P 500, un paniere che raggruppa le 500 aziende più capitalizzate del mercato USA. Il NASDAQ invece ci offre un indice che comprende i 100 titoli tecnologici più forti e capitalizzati: il Nasdaq100.

Personalmente opero da un paio di mesi a questa parte solo nel NYSE (Dow Jones) e nel NASDAQ (Nasdaq100) e devo dire che mi trovo benissimo. Ti consiglio di operare principalmente in questi due mercati, sarà bello ed emozionante "tredare" le multinazionali con i cui prodotti hai a che fare nella vita di tutti i giorni, come Coca-Cola, Microsoft, Google…

Eccoti un utile schema di orientamento:

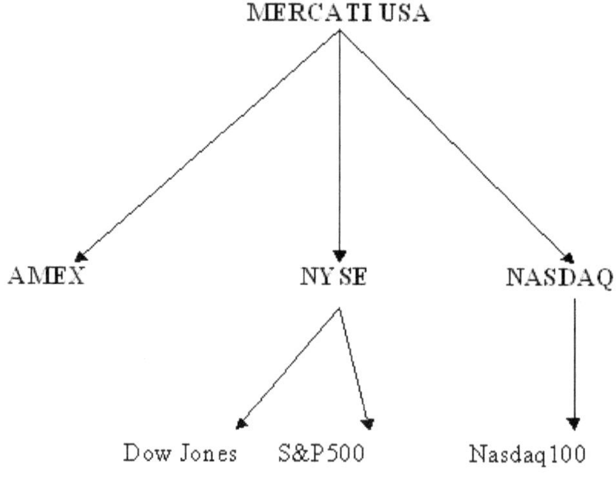

Prima di concludere ricorda che i mercati borsistici aprono in tutto il mondo dal lunedì al venerdì (sono esclusi i giorni di festività) e l'orario di apertura coincide con le 9:30 del mattino e quello di chiusura con le 16:00 del pomeriggio. Occhio al cambiamento d'orario; per il mercato USA in Italia, a causa del fuso orario, l'apertura coinciderà con le ore 15:30 del pomeriggio e la chiusura con le ore 22:00 di sera.

Gli Earnings

Bene, ora voglio presentarti un evento con cui avremo spesso e volentieri a che fare, prima e durante il corso dei trades: gli Earnings. Niente paura, "earn" in inglese significa guadagno e gli Earnings corrispondono alla dichiarazione degli utili trimestrali, cioè semplicemente dichiarano quanto l'azienda ha guadagnato in tre mesi a seguito della vendita dei propri prodotti o servizi. Sì ma... Perché te li ho menzionati?

La risposta è semplice. Gli Earnings vengono dichiarati trimestralmente in precise date prestabilite (in seguito ti fornirò il sito dove poterle ispezionare) e in corrispondenza di queste date possono accadere degli imprevedibili scossoni della quotazione di un titolo. Questo perché gli investitori sono molto accorti ai parametri patrimoniali dell'azienda in cui hanno investito. Perciò se gli Earnings sono positivi è chiaro che il valore delle azioni aumenta, a seguito di un aumento repentino della domanda.

Se al contrario gli Earnings sono negativi, è chiaro che il valore delle azioni diminuisce, a seguito del calo della domanda. Gli Earnings sono proprio come delle "pagelle" che valutano il rendimento di un' azienda. Vista la grande influenza degli Earnings, ti premetto che influenzeranno molto la tempistica e il posizionamento di molte strategie di trading.

SEGRETO n. 20: conoscere il mercato USA e comprendere l'importanza degli Earnings.

RIEPILOGO DEL CAPITOLO 4:

- SEGRETO n. 16: capire e sapere interpretare le greche.
- SEGRETO n. 17: utilizzare le greche per effettuare una completa analisi rischio/rendimento.
- SEGRETO n. 18: conoscere e capire la differenza tra volatilità storica e volatilità implicita.
- SEGRETO n. 19: capire e sfruttare il potentissimo effetto leva delle opzioni.
- SEGRETO n. 20: conoscere il mercato USA e comprendere l'importanza degli Earnings.

CAPITOLO 5:
Le strategie direzionali

Ora, forti di sapere cosa sono le opzioni, veniamo al loro utilizzo in "campo di battaglia". Le strategie riguardano il modo di utilizzare le opzioni e come combinarle in un'unica operazione. Il punto forte delle opzioni infatti non si ferma solo all'effetto leva, ma va oltre.

Infatti la flessibilità e la praticità di tali strumenti ne consente la combinazione e se ben "miscelati" è come se entrassimo in "battaglia" con un "carro armato blindato". Cose che con le azioni e altri derivati, meno flessibili e più rischiosi, te le sogni.

Come già sai le direzioni di un titolo quotato sono fondamentalmente tre: o rialzista, o ribassista o laterale. Con le azioni, come con le opzioni usate singolarmente o di medesima aspettativa (o tutte Call o tutte Put), puntiamo a una sola di queste tre direzioni, per cui non prendendo in considerazione l'analisi del titolo, ma solo i puri eventi probabilistici, abbiamo circa il 33% di probabilità di avere ragione.

Ora tieniti forte perché sto per dimostrarti nei capitoli successivi che con una combinazione di più opzioni comprate e vendute in un'unica operazione possiamo far salire le probabilità di successo al 66-67%. Questo perché abbiamo la possibilità di avere dalla nostra parte due direzioni di mercato indipendenti tra loro, ma comunque a noi favorevoli con le opzioni.

Per ora inizieremo con le strategie direzionali, per poi passare a quelle non direzionali e poi agli Spread. Le strategie direzionali sono strategie che prendono beneficio quando la quotazione di un titolo si muove verso un'unica direzione, o rialzista, o ribassista. Prima di cominciare è meglio rinfrescarti la memoria. Quando compri paghi il prezzo ask (domanda), quando vendi incassi il prezzo bid (offerta).

Inoltre ogni qual volta aprirai una posizione, per ogni opzione acquistata e venduta dovrai pagare lo Spread (oltre che le commissioni al broker), perciò non allarmarti se parti sin dall'inizio con un ritorno corrente (current return) negativo. Nel grafico rischio/rendimento di alcuni software, il current return è raffigurato come una linea parallela alla linea di Breakeven e rappresenta il punto oltre il quale si iniziano ad ammortizzare le perdite fino ad arrivare al punto di Breakeven. Comunque siamo pronti ad iniziare con le strategie direzionali e premetto che sono semplici ma molto remunerative se vanno in porto.

SEGRETO n. 21: comprendere le strategie direzionali: costituiscono la base di comprensione di ogni altra strategia.

SEGRETO n. 22: saper interpretare i vantaggi e gli svantaggi delle strategie direzionali.

Long/Short Call

La strategia Long Call è molto semplice, consiste in un acquisto di una o più opzioni Call ITM, ATM o OTM.

- Previsione: rialzista (bullish).
- Perdita massima: limitata al premio pagato.
- Profitto massimo: potenzialmente illimitato.
- Breakeven: strike price + premio.

In posizione Long si entra in profitto quando il valore dell'opzione supera a rialzo nel grafico la linea di Breakeven. Esempio: compro una Call con strike 50$, pagando un premio pari a 3$. Breakeven = 50$ + 3$ = 53$. Se il titolo sale oltre 53$ la mia opzione si apprezza a tal punto da conferirmi un profitto.

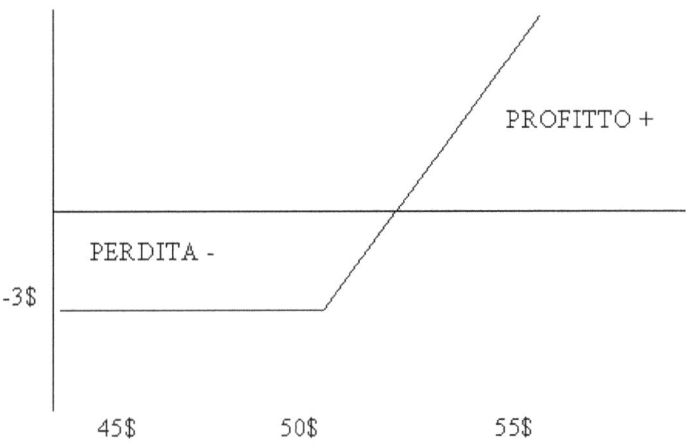

Ora e in tutte le strategie da eseguire, ti elencherò le greche e il modo in cui si pongono nei confronti del trade. Inoltre come affrontare gli Earnings e sfruttare la volatilità implicita a nostro vantaggio.

Le greche:

Delta: il più possibile positiva;

Gamma: positiva;

Theta: negativa;

Vega: positiva.

Gli Earnings: meglio evitare nell' arco di durata della posizione l'impatto con gli Earnings, piuttosto consiglio di aprire la posizione subito dopo averli analizzati.

Volatilità implicita: crescente.

Short Call

La strategia Short Call consiste nel vendere allo scoperto una o più opzioni Call ITM, ATM o OTM. È una strategia rischiosissima, te l'ho proposta perché devi conoscerla per comprendere il funzionamento di strategie più complesse. Non applicheremo mai da sola una Short senza la copertura di altre opzioni che controbilanciano le perdite.

Previsione: Laterale o ribassista (in questo caso il tempo gioca a favore).

Perdita massima: potenzialmente illimitata.

Profitto massimo: limitato al premio ricevuto dalla vendita.

Breakeven: strike price + premio. In una posizione Short ricorda sempre che il Breakeven rappresenta il punto al di sotto del quale si inizia a perdere, perciò per conseguire un profitto occorre mantenersi al di sopra di esso, evitando di tagliare a ribasso la linea che lo rappresenta nel grafico.

Esempio: Vendo una Call con strike 50$ per 3$ e incasso 300$. Il Breakeven = 50$ + 3$ = 53$. La Call si deprezza e si guadagna solo se il titolo non sale oltre 53$; in questo modo incasso il prezzo a cui ho venduto la Call.

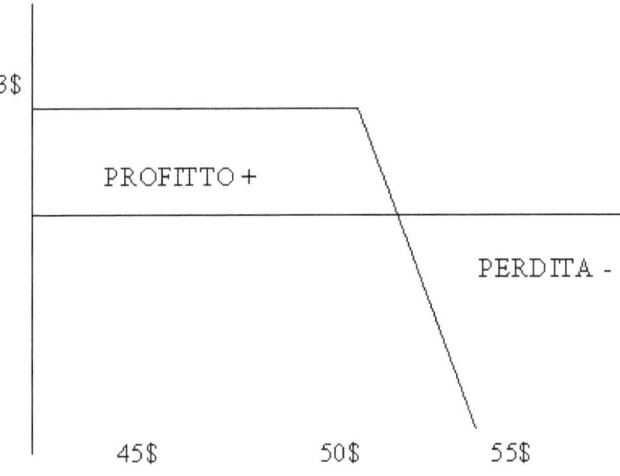

Le greche:

Delta: il più possibile neutra, questo per assicurarci la lontananza del sottostante dal punto di Breakeven;

Gamma: negativa;

Theta: positiva;

Vega: negativa.

Gli Earnings: meglio evitare nell'arco di durata della posizione l'impatto con gli Earnings, piuttosto consiglio di aprire la posizione subito dopo averli analizzati.

Volatilità implicita: decrescente.

Long/Short Put

La strategia Long Put consiste nell'acquistare una o più opzioni Put ITM, ATM o OTM.

Previsione: ribassista (bearish).

Massima perdita: limitata al premio pagato.

Profitto massimo: potenzialmente illimitato (il limite è il fallimento dell'azienda quotata).

Breakeven: strike price – premio.

Esempio: compro una Put con strike 50$ per 3$. Breakeven =

50$ - 3$ = 47$. La mia opzione si apprezza se scende sotto i 47$.

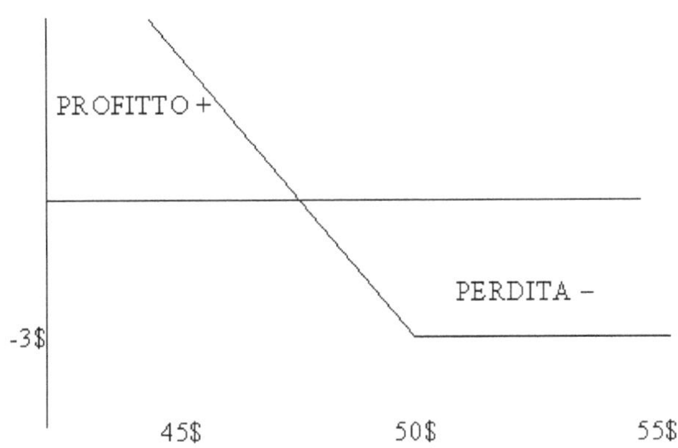

Le greche:

Delta: il più possibile negativa;

Gamma: positiva;

Theta: negativa;

Vega: positiva.

Gli Earnings: meglio evitare nell'arco di durata della posizione l'impatto con gli Earnings, piuttosto consiglio di aprire la posizione subito dopo averli analizzati.

Volatilità implicita: crescente.

Short Put

La strategia Short Put consiste nel vendere allo scoperto una o più Put ITM, ATM o OTM. Valgono le stesse raccomandazioni della Short Call.

Previsione: laterale o rialzista.
Perdita massima: illimitata.
Profitto massimo: limitato al premio ricevuto dalla vendita.
Breakeven: strike price – premio.

Esempio: vendo una Put con strike 50$ per 3$ e incasso 300$. Breakeven = 50$ - 3$ = 47$. Il mio guadagno si realizza solo se l'opzione non scende al di sotto di 47$.

3$

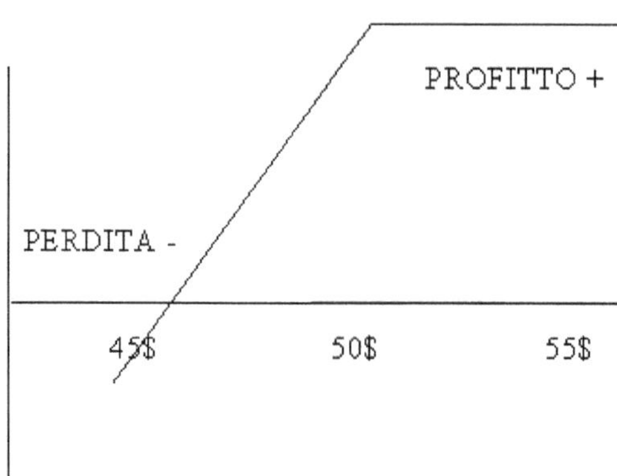

Le greche:

Delta: il più possibile neutra;

Gamma: negativa;

Theta: positiva;

Vega: negativa.

Gli Earnings: meglio evitare nell'arco di durata della posizione l'impatto con gli Earnings, piuttosto consiglio di aprire la posizione subito dopo averli analizzati.

Volatilità implicita: decrescente.

SEGRETO n. 23: capire come effettuare delle Long/Short Call/Put.

Fischioni e Volume spike

Si tratta di due strategie semplici e allo stesso tempo molto difficili da applicare, perché necessitano di un titolo che compia un movimento particolarmente accentuato. Ma sono due strategie che se ben riuscite sono le meno costose e allo stesso tempo le più remunerative e immediate che io conosca. Entrambe consistono nel trarre profitto dalle rotture dei supporti o delle resistenze grafiche. Lo sfondamento di queste soglie psicologiche provoca una caduta o una salita prepotente del titolo, accompagnate entrambe da un aumento consistente di volumi.

I Fischioni sono strategie che prendono profitto da scossoni sui titoli. Per ricercare al meglio queste strategie è opportuno ricercare dei titoli che nelle ultime 24 ore abbiano avuto una percentuale di scostamento del prezzo (percent change %) almeno del 30%. Per trovare queste prerogative dobbiamo a sua volta ricercare titoli che hanno rotto graficamente a rialzo la resistenza che fungeva da "tetto" alla quotazione, o al ribasso il supporto che sosteneva la quotazione.

Comunque, come si sa, il mercato sale le scale ed esce dalla finestra. I veri Fischioni, quelli che pagano di più, si fanno in "caduta", ossia in un forte movimento bearish. Questa strategia è definita dal suo fondatore come "La formula della ricchezza in 5 minuti". Cinque minuti perché occorrono davvero solo 5 minuti per analizzare il titolo (c'è poco da analizzare) e poi perché su una caduta profonda del titolo si può guadagnare bene anche nella stessa giornata di apertura della posizione, ossia con lo scalping.

Ricorda che, per riuscire, la strategia deve essere applicata su flottanti che non abbiano unità inferiori a 5$, questo perché per questa strategia (come per i Volume spike che vedremo tra poco) occorre una liquidità che consenta un ampio "spazio" di salita o caduta del titolo.

Inoltre ricorda sempre che la volatilità implicita non deve essere molto elevata rispetto a quella storica. Ovvero accertati che non abbia raggiunto un picco massimo la volatilità, altrimenti si è già tempisticamente in ritardo, perché quest'ultima ricomincerà a scendere e il titolo inizierà di conseguenza a "saturare" il movimento. Tenterà in altre parole una stabilizzazione. Questa premessa vale per qualsiasi strategia di acquisto.

Inoltre quando vedi un movimento del genere controlla le news sul titolo e assicurati che la causa del movimento non sia un'acquisizione. Questo perché quando una Società viene acquisita da un'altra, le azioni vengono sostituite agli azionisti della Società acquisita, in controvalore alle azioni della Società compratrice; mentre tutti i contratti di opzioni vengono annullati e ritirati dal mercato, compreso il vostro.

Appena il titolo sfonda le trendlines e si accinge a cadere (o a salire) si comprano opzioni OTM almeno 2 o 3 strike fuori rispetto a quello ATM.

Previsione: Ribassista o rialzista.
Perdita massima: limitata al premio pagato.
Profitto massimo: potenzialmente illimitato.
Breakeven: strike price Call + premio; strike price Put – premio (a seconda se si utilizzano Call o Put).

Esempio: Il titolo RIMM ha mostrato una variazione di oltre il 30% a ribasso. Ora prezza a 68.05$. Compriamo una o due Put con strike OTM a 65$ e con scadenza dicembre, pagando 0.7$. Totale investimento 70$. Breakeven = 65$ - 0.7$ = 64.3$.

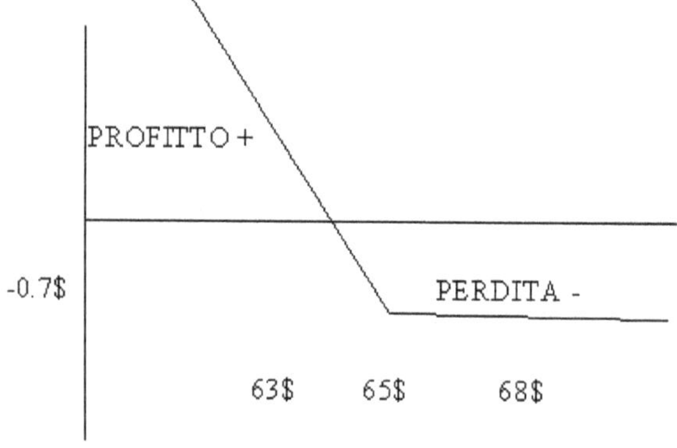

Le greche:

Delta: positiva o negativa, a seconda se utilizziamo Call o Put;

Gamma: positiva;

Theta: negativa;

Vega: positiva.

Gli Earnings: non fa alcuna differenza, gli Earnings non influenzano il corso della strategia.

Volatilità implicita: crescente.

Volume spike

Il Volume spike è una strategia molto simile ai Fischioni. Mira ad individuare importanti notizie (catalyst) che abbiano un'importante incidenza sul titolo. Per ricercarli considereremo un incremento sostanziale dei volumi pari al 300% della media volumi. Anche qui valgono le stesse regole che per i Fischioni.

È una strategia che trae profitto sia da un rialzo che da un ribasso prepotente del titolo che ha rotto graficamente le "tredlines" (linee grafiche della quotazione) e che sia accompagnato da volumi altissimi. Il titolo deve essere ancora più liquido rispetto ai Fischioni, almeno superiore di 20$ per azione.

Anche qui ricordati sempre di controllare le news sul titolo. Appena i volumi esplodono e il titolo si indirizza violentemente nella direzione auspicata apriamo la posizione. Per aprire la posizione compriamo una o due opzioni ATM.

Previsione: rialzista o ribassista.
Perdita massima: limitata al premio pagato.
Profitto massimo: potenzialmente illimitato.
Breakeven: strike price Call + premio; strike price Put – premio.

Esempio: Il titolo CVX ,dopo un aumento sostanziale dei volumi, è salito chiudendo ad 80$, superando il livello massimo della giornata. Immediatamente compriamo una Call con strike 80$ e scadenza ottobre, pagando 1.7$, cioè 170$. Breakeven = 80$ + 1.7$ = 81.7$.

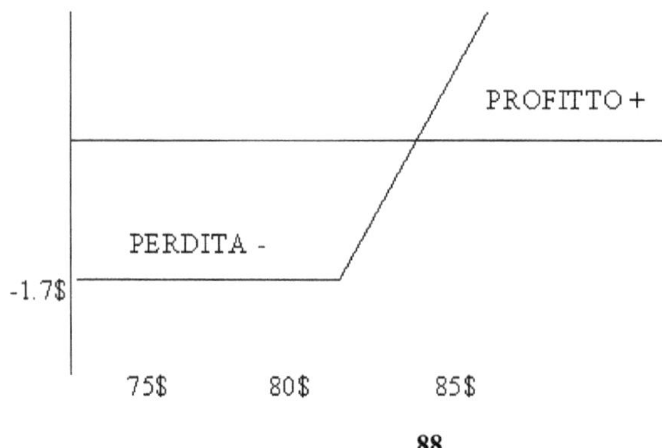

Le greche:

Delta: positiva o negativa;

Gamma: positiva;

Theta: negativa;

Vega: positiva.

Gli Earnings: non fa alcuna differenza, gli Earnings non influenzano il corso della strategia.

Volatilità implicita: crescente.

SEGRETO n. 24: saper effettuare un Fischione.

SEGRETO n. 25: saper effettuare un Volume Spike.

RIEPILOGO DEL CAPITOLO 5:

- SEGRETO n. 21: comprendere le strategie direzionali: costituiscono la base di comprensione di ogni altra strategia.
- SEGRETO n. 22: saper interpretare i vantaggi e gli svantaggi delle strategie direzionali.
- SEGRETO n. 23: capire come effettuare delle Long/Short Call/Put.
- SEGRETO n. 24: saper effettuare un Fischione.
- SEGRETO n. 25: saper effettuare un Volume Spike.

CAPITOLO 6:
Le strategie non direzionali

Sono lieto di presentarti le strategie non direzionali, chiamate così perché, indipendentemente da quella che è la direzione della quotazione di un titolo, tali strategie andranno in profitto! Ok, dove sta la fregatura? Beh, occorre che il titolo si muova con decisione. Cioè se il titolo rimane fermo o oscilla in un “trading range” stretto, chiuderemo inevitabilmente la posizione in perdita. Sono comunque considerate strategie non direzionali anche quelle strategie che prendono vantaggio dalla lateralità della quotazione di un titolo, e questo lo vedremo anche con gli Spread.

SEGRETO n. 26: **comprendere le strategie non direzionali**.

Straddle e Strangle

Si tratta della prima combinazione tra opzioni di diversa natura. Infatti si tratta di combinare l’acquisto di una Call con l’acquisto di una Put. A seconda se sono ITM, ATM o OTM si tratterà di una Straddle o di una Strangle. Sono entrambe strategie neutrali, cioè con queste strategie guadagneremo sia se il titolo scende, sia se il titolo sale. L'importante è che non rimanga fermo, cioè che non scorra laterale in un trading range largo per quanto sono distanti i punti di Breakeven.

Sì, perché qui siamo di fronte a due punti di Breakeven, uno superiore e uno inferiore. Quindi guadagneremo in presenza di un trend abbastanza "prepotente", qualsiasi esso sia, sia se fosse bullish, sia se fosse bearish.

Sono strategie da applicare quando si prevedono periodi di forti oscillazioni, come quando il mercato è in attesa di notizie "scottanti" (catalyst) e non sappiamo che effetti possano avere sul titolo, ma che sicuramente mettono il "turbo" alla volatilità, come ad esempio gli Earnings.

Se pensiamo di andare incontro a uno di questi scenari effettuiamo anticipatamente l'acquisto e assicuriamoci di essere in una situazione di volatilità bassa in fase crescente.

A questo punto opereremo acquistando una Straddle o Strangle, che rivenderemo dopo la grande manifestazione di volatilità, ricordandoci che una Strangle, per riuscire, ha bisogno di un trend deciso, ancora più forte rispetto alla Straddle. Questo perché le opzioni utilizzate nella Strangle sono OTM (non ATM come nella Straddle), quindi i punti di Breakeven si allargano maggiormente l'uno dall'altro, e per far sì che l'operazione vada in profitto è necessario un movimento forte del titolo.

Acquisteremo una Straddle o una Strangle con volatilità bassa crescente, in modo che le opzioni risultino economiche e le rivenderemo a costo maggiore dopo l'esplosione del trend e della volatilità. A quel punto una delle due opzioni, a seconda se lo scossone del titolo è stato ribassista o rialzista, si apprezzerà di valore intrinseco e volatilità, tanto da coprire i costi dell'altra andata a "male" e far ottenere un generoso profitto. Tutto dipende dall'intensità con cui si muove la quotazione.

Dopo il movimento, e quando siamo soddisfatti del profitto, l'opzione apprezzata la vendiamo sicuramente. La seconda, quella deprezzata, possiamo decidere o di liquidarla e recuperare un po' di soldi, o di tenerla fino alla scadenza sperando che in quest'arco temporale il titolo inverta completamente "rotta".

Oltre a quanto appena detto ricorda di operare con queste strategie con titoli molto liquidi. Devono prezzare almeno 20$ ad azione. Inoltre fa che sia un titolo che, analizzato storicamente, abbia compiuto movimenti congrui in passato. Puoi magari ispezionare un paniere di titoli nelle date degli Earnings storici e trovare quelli più sensibili a questo evento in modo da trarne profitto.

La Straddle consiste nel comprare un'opzione Call ATM e una Put ATM con lo stesso strike price e alla stessa scadenza. Tutto ciò contemporaneamente e in una sola operazione.

Previsione: neutra, purché si muova con una certa consistenza.
Perdita massima: limitata al premio pagato.
Profitto massimo: potenzialmente illimitato.
Breakeven superiore: strike price Call + premio totale (l'intero costo dell'operazione).
Breakeven inferiore: strike price Put – premio totale.

Esempio: AAPL prezza a 50.2$. Compriamo una Call ATM con strike 50$, scadenza aprile e premio 2$. Simultaneamente compriamo una Put con strike 50$, scadenza aprile e premio 1.7$. Totale premio pagato uguale 3.7$. Breakeven superiore = 50$ + 3.7$; Breakeven inferiore = 50$ - 3.7$.

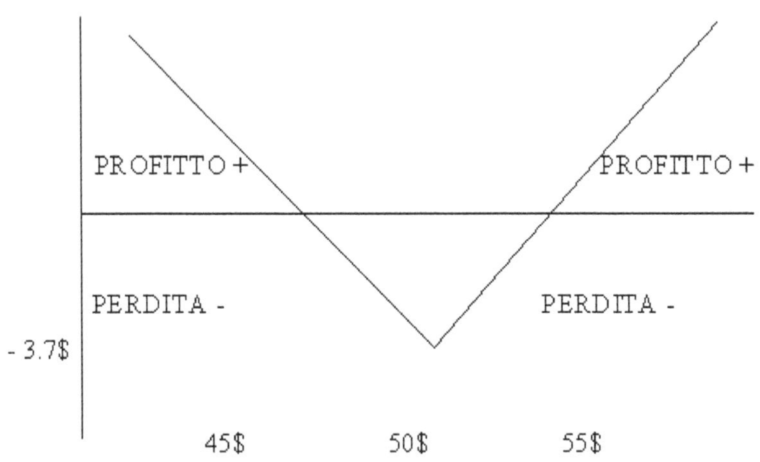

Le greche:

Delta: il più possibile neutra, cioè vicino allo zero (questo per assicurarci l'equidistanza del sottostante dai punti di Breakeven);

Gamma: positiva;

Theta: negativa;

Vega: positiva.

Gli Earnings: la posizione ottimale rispetto agli Earnings è di posizionarsi prima della loro dichiarazione e restare in posizione fino al loro trascorrere.
Volatilità implicita: bassa e crescente.

La Strangle consiste invece nell'acquistare una Call OTM e simultaneamente una Put OTM con diverso strike e con la medesima scadenza.

Previsione: neutra purché si muova in maniera consistente.
Perdita massima: limitata al premio pagato.
Profitto massimo: illimitato.
Breakeven superiore: stike price Call + premio totale.
Breakeven inferiore: strike price Put - premio totale.

Esempio: XOM prezza 48.3$. Compro una Call OTM con strike 50$ e con scadenza luglio, pagando 0.7$. Simultaneamente acquisto una Put OTM con strike 47$ con stessa scadenza, cioè luglio, pagando 0.9$. Costo complessivo 1.6$ per contratto per cui 160$. Breakeven superiore = 50$ + 1.6$ = 51.6$; Breakeven inferiore = 47$ - 1.6$ = 45.4$.

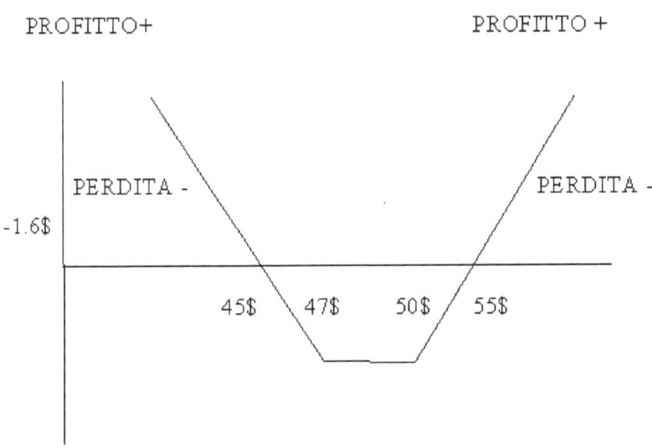

Le greche:

Delta: il più possibile neutra;

Gamma: positiva;

Theta: negativa;

Vega: positiva.

Gli Earnings: la posizione ottimale rispetto agli Earnings è di posizionarsi prima della loro dichiarazione e restare in posizione fino al loro trascorrere.

Volatilità implicita: bassa e crescente.

SEGRETO n. 27: saper effettuare una Straddle.

SEGRETO n. 28: saper effettuare una Strangle.

SEGRETO n. 29: comprendere la differenza tra Straddle e Strangle.

Short Straddle e Short Strangle

Abbiamo analizzato in precedenza e in maniera molto approfondita le Straddle e le Strangle. Beh, si trattava di Long Straddle e Long Strangle ovviamente. La loro formazione richiede infatti l'acquisto di due opzioni di natura opposta.

Queste strategie possono essere però anche vendute. In questo caso si tratta di Short Straddle e Short Strangle, oppure sono riconosciute con il nome di Guts o di Reversal Straddle o di Reversal Strangle e sono speculari alle Long.

Questo significa che una Short Straddle si forma vendendo due opzioni ATM di natura opposta, cioè una Call e una Put, mentre una Short Strangle vendendo due opzioni OTM di natura opposta, sempre una Call e una Put.

Si tratta come hai già intuito di una strategia di vendita allo scoperto, perché le opzioni non sono coperte dall'acquisto di altre. Si tratta inoltre di una previsione laterale, infatti il guadagno massimo è limitato al credito ricevuto e si realizza se il titolo, al contrario delle Long Straddle e Long Strangle, rimane in un trading range largo per quanto sono larghi i punti di Breakeven.

La perdita massima ovviamente è illimitata, per questo motivo non la useremo mai, ma ti sarà utile conoscerla per capire in seguito le Iron Butterfly e le Iron Condor.

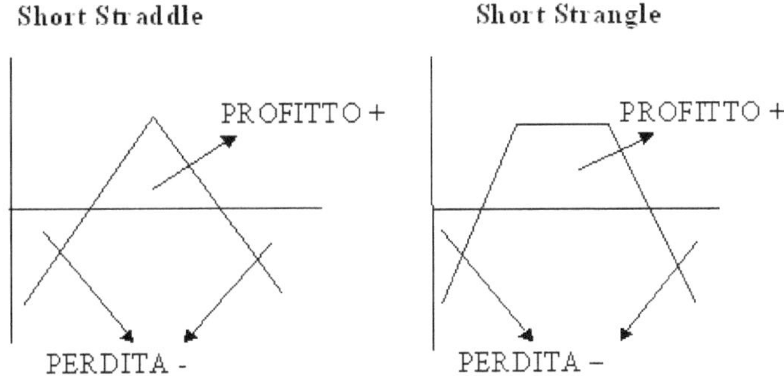

SEGRETO n. 30: comprendere i limiti dell'utilità delle strategie non direzionali.

RIEPILOGO DEL CAPITOLO 6:

- SEGRETO n. 26: comprendere le strategie non direzionali.
- SEGRETO n. 27: saper effettuare una Straddle.
- SEGRETO n. 28: saper effettuare una Strangle.
- SEGRETO n. 29: comprendere la differenza tra Straddle e Strangle.
- SEGRETO n. 30: comprendere i limiti dell'utilità delle strategie non direzionali.

CAPITOLO 7:

Gli Spread

Eccoci arrivati, in men che non si dica, agli Spread. Gli Spread sono strategie che comportano l'apertura di una posizione composta da un simultaneo acquisto e vendita di una o più opzioni differenti. Possono essere sia strategie direzionali (come il Debit Spead) sia non direzionali (come la Butterfly). Ho deciso di dedicare un intero capitolo a queste strategie perché sono di vitale importanza per un trader.

L'obiettivo degli Spread è quello di usare il movimento dei titoli per massimizzare il profitto di un'operazione, riducendone a sua volta il rischio e il costo connessi al trade.

Si tratta di guadagnare la differenza di prezzo tra due opzioni (Spread), una in posizione di acquisto (Long) e una in posizione di vendita (Short).

La cosa fantastica degli Spread è che operiamo con la probabilità dalla nostra parte. Infatti con gli Spread si guadagna se il titolo sottostante alle opzioni vendute e comprate si muove nella direzione auspicata, oppure compie un determinato movimento in un trading range. Eh sì, hai capito bene! Anche con questa strategia abbiamo solo un lato scoperto, perché se il titolo rimane fermo guadagniamo e se va in una delle due direzioni prestabilite guadagniamo lo stesso.

Quant'è la probabilità che un titolo si muova lateralmente? Beh, il 67%. Aggiungici la probabilità che il titolo si muova nella direzione giusta ed è fatta. La probabilità gioca a nostro favore. Se poi ci aggiungi le doti di un buon analista di mercato la "miscela" è straordinaria… mandami pure dei fiori quando sarai milionario…

Fino ad ora abbiamo visto strategie che si applicano in combinazione di sole opzioni in posizione di acquisto e di opposta natura. Con gli Spread invece le cose cambiano. Infatti tutti gli Spread si realizzano combinando l'acquisto di un'opzione alla vendita di un'altra. A seconda del tipo di Spread lo si può costruire o con sole opzioni della stessa natura (cioè o entrambe Call o entrambe Put), o aggiungendo anche opzioni di natura opposta (Call e Put). La cosa importante è che siano riferite a uno stesso titolo.

Ti ricordi che ti ho raccomandato di non vendere né azioni né opzioni allo scoperto? Beh, in questo ambito la vendita allo scoperto è consentita senza il rischio di perdere l'intero patrimonio. Questo perché, pur trattandosi di una vendita allo scoperto (cioè il titolo venduto non lo si possiede), il rischio non è illimitato, perché non si tratta di una vera e propria vendita allo scoperto, bensì si è coperti dall'opzione acquistata della stessa natura di quella venduta, che funge da limite alle perdite.

Cioè se l'opzione venduta sale oltre un certo valore e si apprezza, automaticamente anche l'opzione acquistata si apprezza tagliando le perdite.

Negli Spread si rivela in anticipo il punto di massimo profitto di un trade. Questo perché la reciprocità delle opzioni (una acquistata e una venduta) abbassa il punto di Breakeven, ma allo stesso tempo pone un tetto ai profitti. Con gli Spread il guadagno sta nella differenza tra gli strikes (Spread), né un dollaro sopra, né un dollaro sotto.

Questa prerogativa può essere vista come un vantaggio, perché si può scegliere la strategia d'uscita con più consapevolezza sin dall'inizio del trade, verificando al meglio le aspettative di un trader.

Ricorda bene questa cosa perché è importantissima: quando costruiamo gli Spread, in realtà stiamo cercando di guadagnare una differenza di prezzo. Più la differenza, o la distanza, tra gli strikes è elevata, più lo Spread è largo.

Capisci che più lo Spread è largo e più aumentano le possibilità di guadagno, ma anche i rischi e la difficoltà del trade. Perciò costruiscili in funzione delle aspettative di volatilità. Evita di costruire Spread troppo corti, cioè quasi già saturati al punto di massimo guadagno, ma nemmeno ti dico di costruirlo talmente lungo da avere le stesse peculiarità di un'opzione Long.

Per far ciò ti consiglio di creare gli Spread esclusivamente con opzioni ITM-ATM (leggermente ITM), ATM e ATM-OTM (leggermente OTM). Inoltre aiutati con il Delta della posizione, fa che non sia né troppo alto né troppo vicino allo zero.

L'importanza di usare opzioni con strikes intorno a quello ATM risiede anche nel fatto che servono a sfruttare il loro potenziale valore in termini di tempo e volatilità, che negli strike ATM, come già sai, sono molto più rilevanti in termini di valore e questo per gli Spread, come vedrai tra poco, assume un'importanza molto significativa.

Ora in base alla combinazione di strikes e scadenze diverse, possiamo definire gli Spread principali come:

- Vertical Spread;
- Calendar Spread.

SEGRETO n. 31: capire gli Spread e la loro grande utilità. Capirne inoltre i pregi e i difetti, nonché le qualità e i limiti.

Vertical Spread

I Vertical Spread sono strategie in cui entrambe le opzioni, sia quella comprata che quella venduta, hanno la stessa scadenza, ma diverso strike price. I Vertical Spread si dividono in:

- Debit Spread;
- Credit Spread.

Debit Spread

Il Debit Spread è così definito perché si tratta di una strategia a debito, cioè sono gli Spread che richiedono un esborso di capitale per aprire la posizione. Il Debit Spread è dato dal premio pagato per l'acquisto meno l'incasso ricevuto dalla vendita (essendo un Debit la vendita, vale meno dell'acquisto, altrimenti sarebbe un Credit). Il premio netto pagato è definito debito netto.

Tali strategie sono Spread direzionali, cioè è l'unico Spread che in realtà non ci fa guadagnare quando il titolo va laterale. Questo perché essendo una strategia completamente a debito non possiamo trarre beneficio dal trascorrere del tempo. Infatti la regola principale per aprire un Debit Spread è comprare ITM-ATM e vendere ATM-OTM. Questa strategia la utilizzeremo solo per aprire posizioni meno costose e per abbassare il punto di Breakeven, in prospettiva di un movimento "debole".

A seconda se ho aspettative rialziste o ribassiste, i Debit Spread si dividono a sua volta in:

- Bull Call Spread;
- Bear Put Spread.

Il termine Bull Call Spread è l'acronimo di: Bull (che definisce la direzione rialzista); Call (che indica con che tipo di opzione si costruisce questa strategia); Spread (che indica l'utilizzo di strikes diversi).

La Bull Call Spread si usa con prospettive di trend moderatamente rialziste e in condizioni di medio-bassa volatilità. Consiste fondamentalmente nello scegliere uno strike Call più basso da acquistare (ITM-ATM) e uno più alto da vendere (ATM-OTM). Entrambe la opzioni con la stessa scadenza.

Previsione: moderatamente rialzista.

Massima perdita: limitata al debito netto pagato per aprire la posizione.

Profitto massimo: limitato alla larghezza dello spread tra gli strike; differenza tra strike – debito netto x 100. Tale guadagno massimo si ottiene quando il prezzo dell'azione supera lo strike alto.

Breakeven: strike price Long (ITM-ATM) + debito netto.

Esempio: Il titolo quota 60$ e ho aspettative moderatamente rialziste. Acquisto una Call ATM con strike 60$ e scadenza novembre, pagando 3$. Contemporaneamente vendo un'altra Call OTM con strike 65$ e scadenza novembre, ricevendo 1$. Facendo i conti il debito netto pagato per aprire la posizione è 200$, che corrisponde pure alla massima perdita. Il massimo profitto è 300$. Breakeven = 60$ + 2$ = 62$.

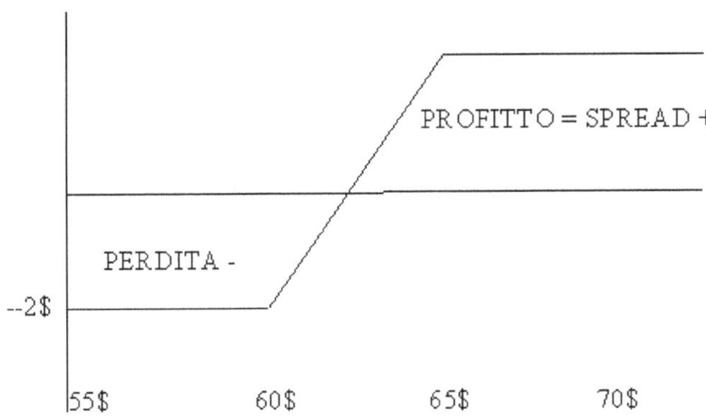

Le greche:

Delta: moderatamente positiva;

Gamma: positiva;

Theta: negativa;

Vega: positiva.

Gli Earnings: meglio evitare nell'arco di durata della posizione l'impatto con gli Earnings, piuttosto consiglio di aprire la posizione subito dopo averli analizzati.

Volatilità implicita: cerca il più possibile di comprare a volatilità implicita bassa e vendere opzioni con volatilità implicita alta (questa è una particolare manovra chiamata skew). Questo ridurrà ulteriormente il debito da pagare e sfrutterà un eventuale apprezzamento di volatilità dell'opzione comprata e un eventuale deprezzamento di volatilità di quella venduta. Ma ciò non è una prerogativa importante per questa strategia, lo è invece per tutte le strategie a credito come vedremo in seguito.

Il termine Bear Put Spread è l'acronimo di: Bear (sta per ribassista); Put (è il tipo di opzione utilizzata); Spread (indica la differenza tra gli strikes).

La Bear Put Spread ha aspettative opposte alla Bull Call Spread. Infatti è una strategia che si usa in prospettive di trend moderatamente ribassiste, in condizioni di medio-bassa volatilità. Come la Bull Call Spread è una strategia a debito. Consiste fondamentalmente nell'acquistare uno strike Put più alto (ITM-ATM) e uno strike Put più basso (ATM-OTM) da vendere. Entrambe le opzioni con la stessa scadenza.

Previsione: moderatamente ribassista.
Massima perdita: limitata al debito netto "sborsato".
Profitto massimo: limitato alla larghezza tra gli strike (spread); differenza tra gli strike e debito netto x 100. Tale guadagno

massimo si verifica quando il prezzo dell'azione supera lo strike basso.

Breakeven: strike price Long (ITM-ATM) – debito netto.

Esempio: Il titolo quota 50$ e ho aspettative moderatamente ribassiste. Acquisto una Put ATM con strike 50$ e scadenza febbraio, pagando il premio di 3$. Contemporaneamente vendo una Put OTM con strike 45$ e scadenza febbraio, incassando 1$. Perciò il debito netto per aprire la posizione è 200$, che corrisponde pure alla massima perdita. Il massimo profitto è di 300$. Breakeven = 50$ - 2$ = 48$.

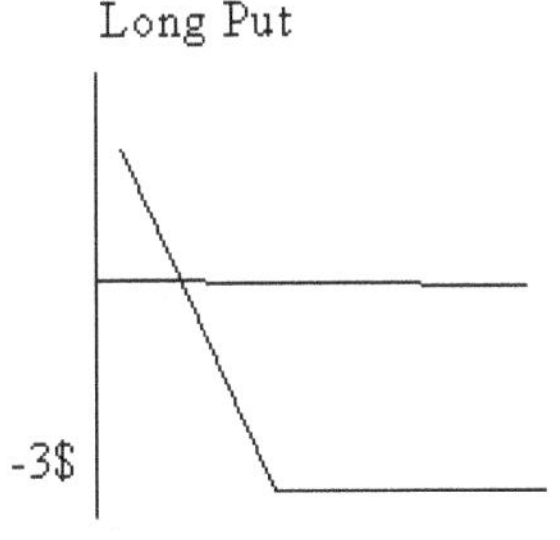

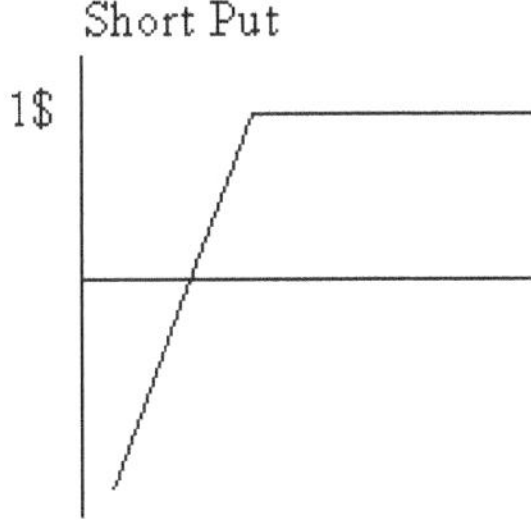

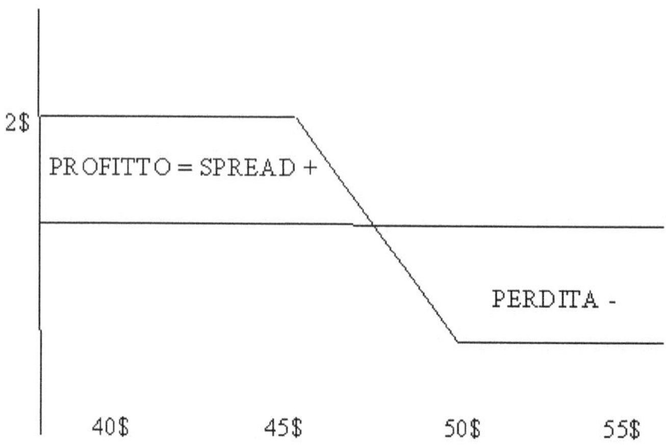

Le greche:

Delta: moderatamente negativa;

Gamma: positiva;

Theta: negativa;

Vega: positiva.

Gli Earnings: meglio evitare nell'arco di durata della posizione l'impatto con gli Earnings. Piuttosto consiglio di aprire la posizione subito dopo averli analizzati.

Volatilità implicita: anche qui può essere utile ricercare gli skews, ma non è un prerogativa di questa strategia.

Credit Spread

I Credit Spread sono speculari ai Debit Spread, così definiti poiché la loro apertura non richiede alcun esborso di capitale. Anzi, si tratta in prevalenza di una vendita, per cui riceviamo un credito all'apertura della posizione, che corrisponde già al nostro profitto massimo. Come per i Debit Spread anche per i Credit Spread esistono strategie adatte a seconda delle aspettative di mercato, rialziste o ribassiste.

Ma c'è di più! infatti con queste strategie si guadagna anche se il titolo sta fermo a differenza dei Debit Spread, questo perché il tempo gioca a nostro favore. Infatti la regola principale per aprire una posizione in Credit Spread è vendere ITM-ATM e comprare ATM-OTM. Capisci ora perché si tratta di una strategia a credito?

Perché l'opzione venduta vale intrinsecamente di più di quella acquistata, ossia l'esatto contrario dei Debit Spread. Inoltre il guadagno nei Credit Spread consiste nel far perdere il più possibile valore all'opzione venduta e per far ciò ci sono sostanzialmente due modi: o il titolo si mantiene laterale e l'opzione perde valore tempo (se l'opzione arriva con un'andatura laterale fino alla scadenza si incassa l'intero credito) - e indirettamente perde anche di volatilità perché il titolo viaggia laterale - o si muove nella direzione "sbagliata", perdendo in questo modo valore intrinseco.

Ricorda sempre di ricercare gli "skews", ossia fai in modo di vendere il più possibile a volatilità implicita alta e comprare il più possibile a volatilità implicita bassa. Ciò per massimizzare il credito incassato e sfruttare il deprezzamento, a seguito della perdita di volatilità implicita dell'opzione venduta in caso il titolo resti fermo. Questo farà aumentare le plusvalenze alla chiusura della posizione.

I Credit Spread a seconda delle aspettative in rialzo o in ribasso si dividono in:

- Bull Put Spread;
- Bear Call Spread.

Il termine Bull Put Spread è l'acronimo di: Bull (indica l'aspettativa rialzista); Put (sono le opzioni utilizzate); Spread (è la differenza tra gli strikes).

La Bull Put Spread si utilizza con prospettive di "stallo" dei prezzi o moderatamente rialziste e con volatilità medio-alta. Questo per sfruttare il deprezzamento della Put venduta a seguito di una probabile diminuzione di volatilità. Consiste nel vendere uno strike Put alto (ITM-ATM) e comprare uno strike Put basso (ATM-OTM). Entrambe le opzioni devono avere la stessa scadenza.

Previsione: titolo fermo o moderatamente rialzista.
Massima perdita: limitata e pari alla differenza tra gli strike – credito netto incassato. Si verifica solo se il trend si muove verso il basso.
Profitto massimo: limitato al credito netto incassato. Si verifica o se le opzioni scadono, o se il titolo sta fermo, o se ha un andamento rialzista.
Breakeven: strike price Short (ITM-ATM) – credito netto.

Esempio: Il titolo quota a 55$ e ho aspettative che resti laterale o salga moderatamente. Vendo una Put ATM con strike 55$ con scadenza agosto, incassando 3$. Contemporaneamente compro un'opzione Put OTM con strike 50$ con stessa scadenza e pagando 1$. Il credito netto incassato è 200$ (profitto massimo). Tutto sta nel trattenerne il più possibile nelle nostre mani. La perdita massima è pari a 300$. Breakeven = 55$ - 2$ = = 53$.

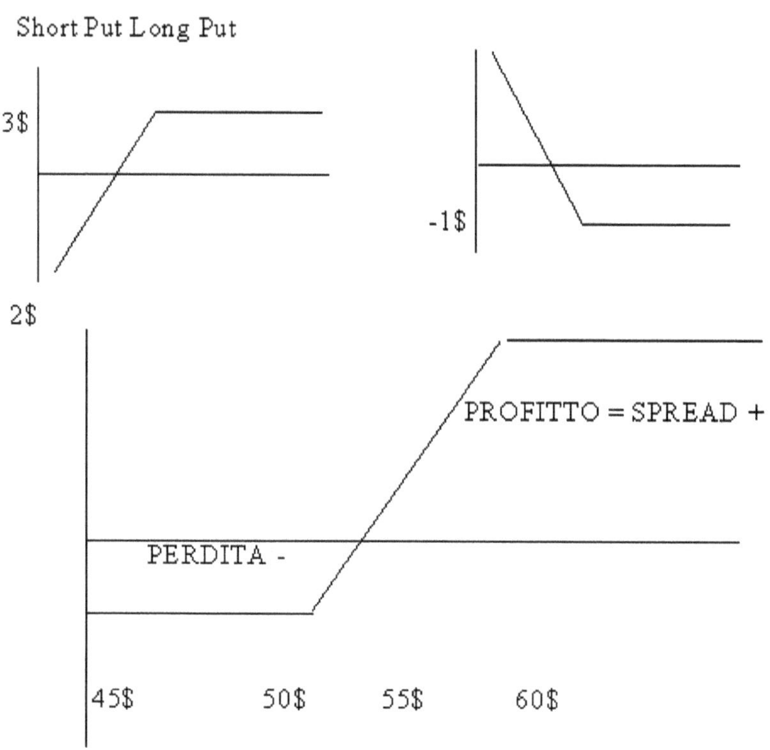

Le greche:

Delta: negativa, intorno a -0,50;

Gamma: negativa;

Theta: positiva;

Vega: negativa.

Gli Earnings: meglio evitare nell'arco di durata della posizione l'impatto con gli Earnings. Piuttosto consiglio di aprire la posizione subito dopo averli analizzati.

Volatilità implicita: ricerca gli skews.

Il termine Bear Call Spread è l'acronimo di: Bear (indica l'aspettativa ribassista); Call (sono il tipo di opzioni utilizzate); Spread (indica la differenza tra gli strike).

La Bear Call Spread è la strategia con aspettative opposte alla Bull Put Spread. Infatti si utilizza con aspettative di "congelamento" dei prezzi o moderatamente ribassiste e con volatilità medio-alta in decrescenza. Consiste nel vendere uno strike Call basso (ITM-ATM) e comprare ad uno stike Call alto (ATM-OTM). Entrambe le opzioni devono avere la stessa scadenza.

Previsione: titolo fermo o moderatamente ribassista.

Perdita massima: limitata e pari alla differenza tra gli strike – credito netto incassato. Si verifica solo se il trend si muove verso l'alto.

Profitto massimo: credito netto ricevuto per aprire la posizione.

Breakeven: strike price Short (ITM-ATM) + credito netto.

Esempio: Il titolo quota 50$ e ho aspettative che resti laterale o scenda moderatamente. Perciò vendo una Call ATM con strike 50$ e scadenza settembre, incassando 3$, e contemporaneamente compro una Call OTM a 55$ con la stessa scadenza pagando 1$. Il montante incassato corrisponde a 200$, che poi è anche il mio massimo profitto. La mia massima perdita è 300$. Breakeven = 50$ + 2$ = 52$.

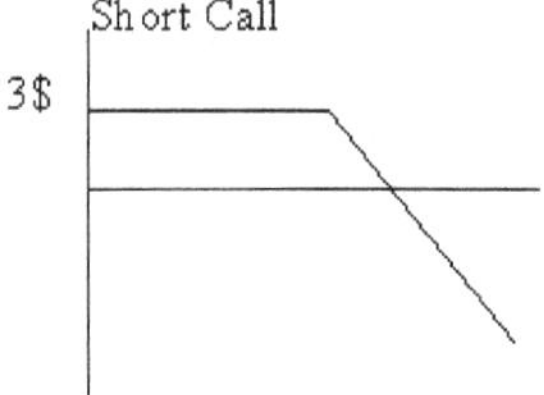

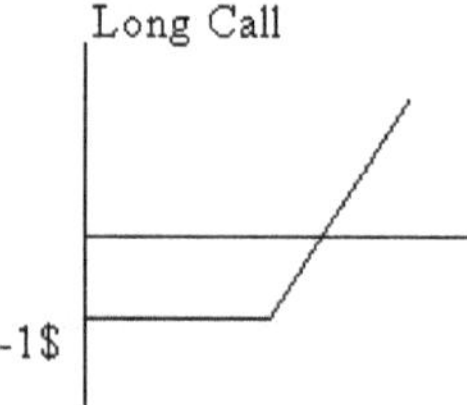

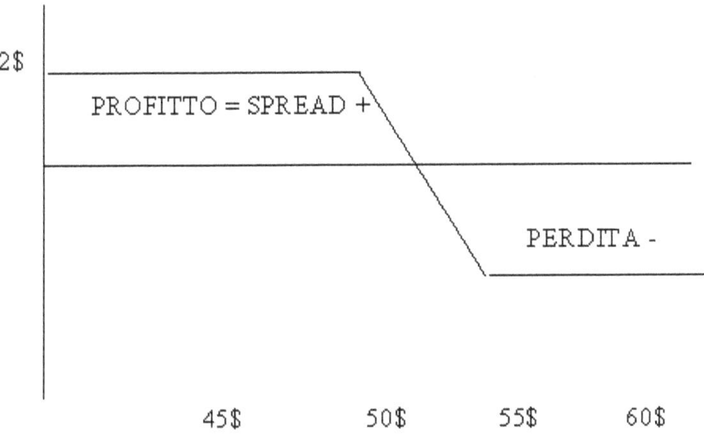

Le greche:

Delta: positiva, intorno a 0,50;

Gamma: negativa;

Theta: positiva;

Vega: negativa.

Gli Earnings: meglio evitare nell'arco di durata della posizione l'impatto con gli Earnings. Piuttosto consiglio di aprire la posizione subito dopo averli analizzati.

Volatilità implicita: ricerca gli skews.

SEGRETO n. 32: saper effettuare i Vertical Spread.

Calendar Spread

La Calendar Spread è una strategia a debito che prende principalmente vantaggio dal trascorrere del tempo e dal movimento in un trading range del titolo. A differenza dei Vertical Spread, le Calendar si effettuano con lo stesso strike ma con diverse scadenze. Infatti il concetto è comprare un'opzione a medio-lungo termine e venderne un'altra uguale ma a breve termine.

Il concetto base è "intascare" parte o l'intero credito della vendita alla chiusura dell'operazione, o di recuperare parte del costo dell'opzione comprata dalla perdita di valore tempo dell'opzione venduta. Il costo totale per attuare l'operazione è dato dalla differenza tra i premi

Affinché lo Spread di tempo abbia successo, occorre che l'opzione venduta a breve termine perda valore o meglio vada a zero. Perché ciò accada il titolo deve mantenere un'andatura costante sino alla scadenza, in modo da deprezzarla completamente del valore tempo e incassare il prezzo di vendita.

Possiamo avere fondamentalmente tre scenari. O apriamo la posizione in corrispondenza di aspettative a medio termine stabili, per poi avere un'aspettativa direzionale, in modo che alla scedenza dell'opzione a breve termine o al suo riacquisto (opzione ormai svalutata), intaschiamo, tutto o in parte, il credito ricevuto dalla sua vendita e ripaghiamo parte del premio dell'acquisto a medio termine, per poi trarre beneficio dal risveglio della direzionalità e volatilità del titolo; o semplicemente liquidiamo entrambe le posizioni se il titolo si è mantenuto laterale.

Per un po' dovrà esserci del profitto; oppure in aspettativa a lungo termine stabile per poi prevedere un proseguimento direzionale (è utilissima la teoria di Dow), possiamo acquistare una "Leaps", ossia opzioni a lunga scadenza, e un'opzione a breve.

Quest'ultima verrà rivenduta più volte consecutivamente a ogni scadenza o ad ogni significativa perdita di valore (questa operazione si definisce "rollatura"), tanto da intascare dei crediti periodici e pagare completamente il costo dell'acquisto della Leaps.

Si arriverà così ad ottenere un “free trade”. Ossia la rimanente opzione acquistata sarà virtualmente gratis, perché completamente ripagata dai prezzi incassati dalla vendita di più opzioni “rollate” nel tempo. A quel punto possiamo decidere o di venderla e guadagnare il premio, o di rimanere nel mercato in posizione Long.

Ricorda che qui i guadagni non stanno più negli Spread di prezzo, ma negli Spread di tempo e l’unico modo per guadagnare credito è sfruttare il time decay (che nelle opzioni a breve è più “forte”) e la perdita di volatilità implicita delle opzioni vendute. Per effettuare al meglio questa strategia compra e vendi strike ATM, ciò per creare uno Spread neutrale che ci conferisca un trading range equilibrato.

Come hai potuto notare è una strategia che può essere applicata sia a breve termine che a medio-lungo termine. Ovviamente, viste le sue caratteristiche, è sicuramente una strategia che dà il massimo nel medio-lungo periodo. Ecco perché richiede molta pazienza.

Molto importante è lo "skew" per la riuscita di questa strategia. Lo avevo già accennato nei Credit Spread, ma ora vediamolo più in dettaglio.

Lo skew è la differenza di volatilità implicita tra le opzioni e all'apertura di questa strategia è importante ricercare skew elevati. Acquistiamo opzioni economiche, ossia compriamo opzioni a medio-lungo termine caratterizzate da bassa volatilità implicita e vendiamo opzioni costose, ossia opzioni a breve termine con più alta volatilità implicita, in modo da incassare un premio più alto, che sarà definitivamente nostro alla scadenza dell'opzione a breve termine.

L'opzione a lungo termine deve avere una volatilità implicita relativamente bassa rispetto alla media, poiché l'acquistiamo e non vogliamo esporci al rischio di una diminuzione della volatilità implicita che ci porterebbe a far diminuire velocemente il valore della nostra opzione comprata.

Agiamo specularmente per la vendita. Cioè vendiamo a volatilità alta per prendere beneficio da un futuro calo di volatilità. In questo modo si costruisce una Calendar Spread e ricordati che tra l'opzione a breve e quella a lungo termine ci devono essere almeno due-tre mesi di tempo di differenza.

Esistono due varianti di Calendar Spread:

- Calendar Spread rialzista;
- Calendar Spread ribassista.

Questi due tipi di Calendar hanno aspettative opposte l'uno all'altra, quindi basta capire il funzionamento di una per intuire quello dell'altra. Prendiamo come "cavia" la Calendar Spread ribassista. La Calendar Spread ribassista consiste nell'acquisto di una Put a medio-lungo termine e nella vendita di una Put a breve termine, utilizzando strike il più possibile ATM.

Previsione: laterale.

Perdita massima: limitata al costo dell'operazione. Cioè premio pagato per l'acquisto – prezzo incassato dalla vendita.

Profitto massimo: non è quantificabile precisamente con semplici formule. Questo perché hanno molta influenza il valore tempo e la volatilità, che agiscono in modo periodico diversamente su ogni opzione. Perciò in questo caso è necessario l'intervento di un buon software.

Breakeven: i punti di Breakeven definiscono la larghezza del trading range all'interno del quale la posizione si mantiene in profitto. Calcolati risolvendo una formula detta di Black & Scholes (viene calcolata per esprimere il valore delle greche e non preoccuparti perché ogni simulatore o software che si rispetti effettua tali calcoli automaticamente) e sono variabili in funzione del tempo e della volatilità.

Esempio: AAPL prezza 65$ e ho aspettative stabili del titolo, così compro un'opzione Put con strike 65$, scadenza luglio e pagando un premio di 8,9$. Allo stesso tempo vendo un'opzione Put allo stesso strike ma con scadenza gennaio, incassando 4.7$. Costo totale 420$, che corrisponde alla perdita massima. Alla data 23 gennaio scade l'opzione a breve. A questo punto se vogliamo chiudere la posizione ricompriamo l'opzione venduta ormai ridotta a 0.05$ e vendiamo quella comprata, incassando lo spread temporale di 105$. Oppure se le aspettative sono ancora stabili possiamo rollare vendendo, dopo il riacquisto della prima venduta, un'altra opzione Put. E il ciclo ricomincia.

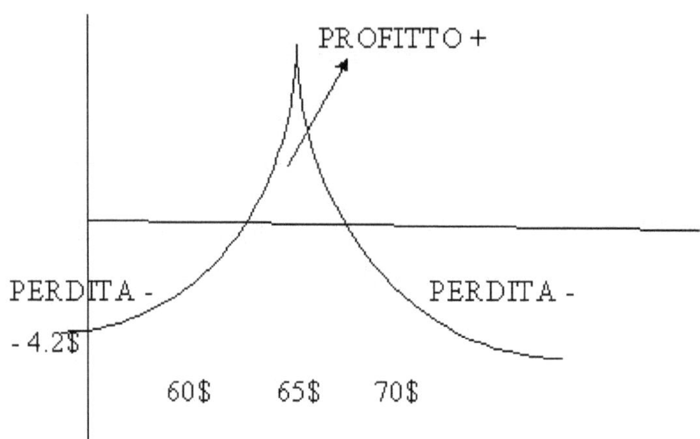

Le greche:

Delta: intorno a -0,50;

Gamma: negativa;

Theta: positiva;

Vega: negativa.

Gli Earnings: se la strategia dura meno di tre mesi, meglio evitarli e aprire la posizione dopo il loro passaggio, se dura molto sono inevitabili.

Volatilità implicita: sono fondamentali gli skews.

Come si può intuire il miglior scenario possibile è che l'opzione a breve scadrà senza valore, facendo guadagnare lo Spread temporale, e poi l'azione scenderà abbastanza in modo che l'opzione a lungo sia profittevole.

Lascia che ti dia un'ultima dritta: ricompra l'opzione venduta nel momento in cui si è verificato un forte calo della sua volatilità implicita che porta a far diminuire il suo valore. Ci guadagnerai comunque anche se non arriverai ad esaurire completamente il fattore tempo.

Per le Calendar Spread rialzista basta fare il ragionamento speculare usando le Call. La Calendar Spread rialzista consiste infatti nell'acquisto di una Call a lungo termine e nella vendita di una Call a breve termine, entrambe ATM.
Previsione: laterale.
Perdita massima: premio pagato per l'acquisto – credito incassato dalla vendita.
Profitto massimo: Indefinito.
Breakeven: Indefinito.

Esempio: MSFT prezza 30$, ho aspettative stabili del titolo, così compro un'opzione Call a lunga scadenza, aprile (5 mesi), con strike 30$ con volatilità bassa e pagando 8$. Contemporaneamente vendo la stessa opzione Call ma con scadenza gennaio, stesso strike 30$, con alta volatilità e (2 mesi) incassando 4.5$. Il debito netto è pari a 3.5$, cioè 350$. Il titolo rimane fermo, la volatilità dell'opzione a breve diminuisce e il 3 gennaio la ricompriamo a 0.30$, per un incasso di 4.5$ - 0.30$ = 4.2$.

Il titolo non accenna a muoversi, così prolunghiamo la posizione per un altro mese (roll) e vendiamo un'altra opzione Call a breve strike 30$ e scadenza marzo (2 mesi), incassando 4$. Questa volta le cose ci vanno veramente bene e arriviamo fino alla scadenza.

L'opzione è scaduta senza valore e noi incassiamo interamente il prezzo a cui l'abbiamo venduta, cioè 4$. A questo punto abbiamo incassato un totale di 8.2$, ripagando completamente l'opzione a lungo termine. Possiamo o decidere di vendere l'opzione acquistata per altri 4$ (il ricavo dell'operazione in questo caso è uguale a 4.2$), oppure di continuare il posizione long Call, sperando in una salita della quotazione.

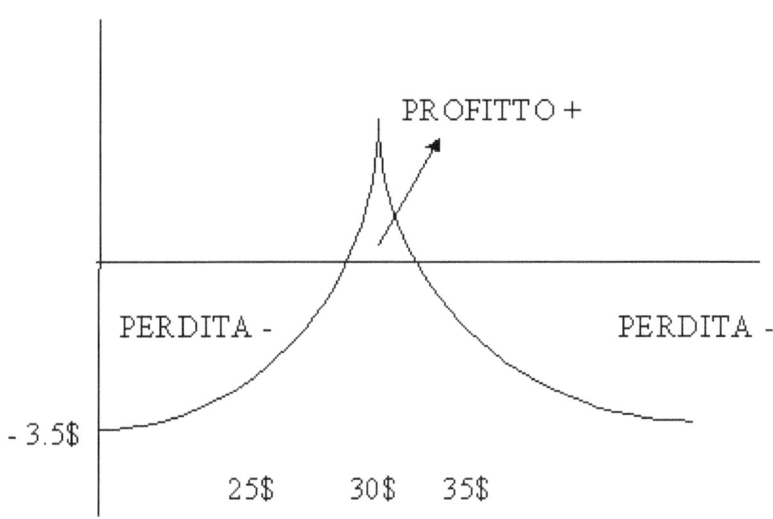

Le greche:

Delta: intorno a 0,50;

Gamma: negativa;

Theta: positiva;

Vega: negativa.

Gli Earnings: se la strategia dura meno di tre mesi, meglio evitarli e aprire la posizione dopo il loro passaggio. Se dura molto sono inevitabili.

Volatilità implicita: sono fondamentali gli skews.

SEGRETO n. 33: saper effettuare una Calendar Spread.

Butterfly e Condor

La Butterfly e le Condor sono strategie che hanno lo scopo di limitare il profitto e le perdite e abbassare i punti di Breakeven. Sono in realtà degli Spread più articolati. Godono di un particolare fascino tra gli operatori in opzioni, vuoi per la particolarità del nome (ispirato dalla forma del grafico rischio/rendimento molto particolare), vuoi per la complessità nella costruzione di tali strategie.

Sono strategie costose in termini di commissioni, ma possono dare molte soddisfazioni in termini di utili. La costruzione di queste strategie movimenta un numero di opzioni con il rapporto di 4 a 1. Cioè è necessario movimentare ben 4 opzioni per attuare tali strategie.

La Butterfly consiste nel combinare l'acquisto di due coppie di opzioni con 3 strikes differenti (ciò significa che due opzioni avranno strikes uguali o coincidenti) e con la stessa scadenza.

La Butterfly può essere costruita in due modi differenti:

- con due Spread verticali (Long/Short Butterfly);

- con Spread di Straddle e di Strangle (Long/Short Iron Butterfly).

Con gli Spread verticali si ottiene combinando un Bull Spread a un Bear Spread (un Debit e un Credit), costituiti da opzioni della stessa natura. Cioè o tutte Call o tutte Put (non fa differenza), più precisamente due strikes in vendita uguali (ATM), cioè coincidenti, e due strikes in acquisto differenti (uno ITM e l'altro OTM). In questo caso si parla di Long Butterfly. Il compratore della butterfly scommette su un mercato stabile, vendendo volatilità sullo strike centrale ed acquistandola sugli strikes periferici.

Previsione: laterale.
Perdita massima: è pari al debito pagato.
Profitto massimo: differenza tra strikes – debito pagato x 100. Nel caso in cui gli strikes non fossero equidistanti, per "differenza tra stikes" si intende la differenza tra i due strikes price più vicini. E questo vale per qualsiasi Spread con più di due opzioni.
Breakeven superiore: strike price Long (ITM) - debito netto.
Breakeven inferiore: strike price Long (OTM) + debito netto.

Esempio: GOOG prezza 573.2$. Ho previsioni stabili del titolo. Compro due Put, una ITM con strike 590$ per 37.60$ e l'altra OTM con strike 550$ per 17.40$, per un debito totale di 55$, ossia 5500$. Contemporaneamente vendo due Put con strike 570$ (il più possibile ATM), incassando 25.40$ per opzione, per un credito totale di 50.8$, ossia 5080$. Tutte le opzioni hanno le stessa scadenza. Il debito netto è pari 420$. La massima perdita è di 420$, cioè pari a debito netto. Il profitto massimo è di 1580$. Breakeven superiore = 590$ - 4.2$; Breakeven inferiore = 550$ + 4.2$.

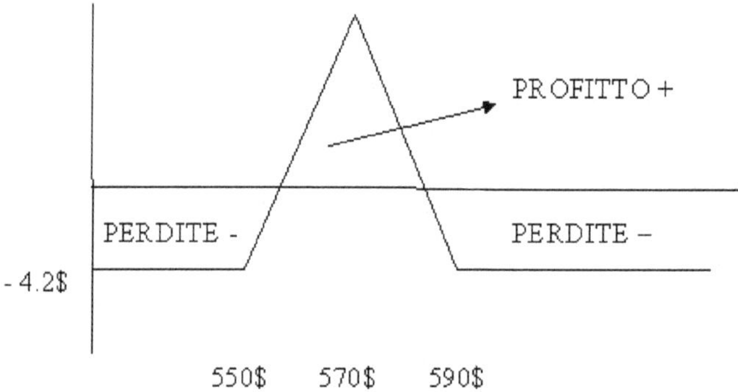

Le greche:

Delta: intorno a 0,50 se Call, intorno a -0,50$ se Put;

Gamma: negativa;

Theta: positiva;

Vega: negativa.

Gli Earnings: evitali a tutti i costi, piuttosto apri la posizione dopo il loro passaggio.

Volatilità implicita: ricerca gli skews.

Oppure sempre con gli Spread verticali, la Butterfly si ottiene abbinando sempre un Bull Spread a un Bear Spread (un Credit e un Debit). Più precisamente all'opposto della Long Butterfly, due strikes in acquisto uguali (ATM), cioè coincidenti, e due strikes differenti in vendita (uno ITM e l'altro OTM). In questo caso si parla di Short Butterfly (speculare alla Long Butterfly). Il venditore di Butterfly scommette su una quotazione oscillante, ma limita il suo guadagno potenziale vendendo volatilità sugli strikes periferici.

Previsione: neutra purché si muova abbastanza.

Perdita massima: differenza tra stikes – credito netto.

Profitto massimo: è pari al credito incassato.

Breakeven superiore: strike price Short (ITM) - credito netto.

Breakeven inferiore: strike price Short (OTM) + credito netto.

Esempio: IBM prezza 46.81$. Ho aspettative volatili, per cui compro due opzioni Call ATM con strikes 125$ per 3.4$. Contemporaneamente vendo una Call ITM con strike 115$ per 10.1$ e una Call OTM con strike 135$ per 0.4$. Tutte le opzioni hanno la stessa scadenza. Il credito totale incassato è pari a 370$. La massima perdita è 630$. Il massimo profitto è pari 370$, cioè pari al credito ricevuto. Breakeven superiore = 135$ - 3.7$; Breakeven inferiore= =115$ + 3.7$.

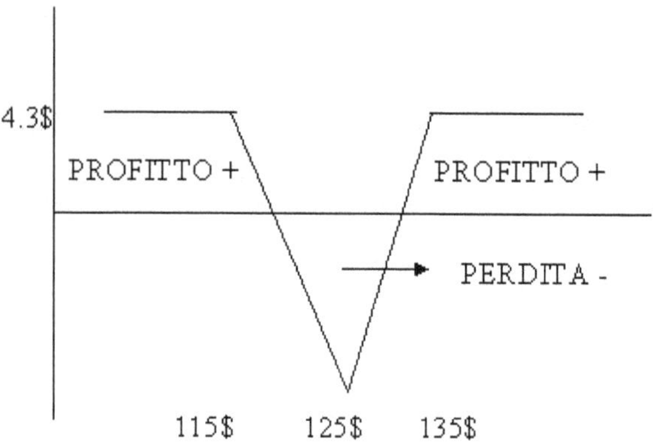

Le greche:

Delta: intorno a 0,50 se Call, intorno a -0,50 se Put;

Gamma: positiva;

Theta: negativa;

Vega: positiva.

Gli Earnings: se è possibile andargli incontro è meglio.

Volatilità implicita: raccomando di ricercare gli skews.

Come hai potuto notare, la Long Butterfly trae profitto dalla stabilità del titolo e la Short Butterfly trae profitto dalla direzionalità del titolo (questa peculiarità la riscontreremo anche nelle Condor).

Ricorda che con la movimentazione di tante opzioni si può "giostrare" maggiormente con gli strikes e i relativi valori. Infatti per le Long Butterfly, ciò che ci fa guadagnare più che il valore intrinseco è la perdita di valore tempo e la volatilità delle opzioni centrali vendute (ATM), che negli strikes in prossimità del sottostante, come già sai, incidono molto sul valore delle opzioni.

Il ragionamento speculare vale per le Short Butterfly, solo che, trattandosi di una strategia che trae profitto dalla volatilità del titolo, rivestono una particolare importanza, in termini di profitto, l'aumento della volatilità e l'incidenza del fattore tempo delle opzioni centrali, questa volta in posizione d'acquisto. Per cui se in un caso puntiamo a far diminuire il valore delle opzioni centrali in vendita (Long Butterfly), nell'altro puntiamo a far aumentare il valore delle opzioni centrali in acquisto (Short Butterfly). In entrambi i casi facendo leva sul valore volatilità e sul valore tempo.

La Butterfly può essere costruita anche abbinando Straddle e Strangle, in questo caso prende il nome di Iron Butterfly. Quando crei una Iron Butterfly in realtà crei uno Spread di Straddle e Strangle. Cioè limiti il profitto e le perdite e abbassi i punti di Breakeven. Anche queste si dividono in Long e Short Iron Butterfly.

Una Long Iron Butterfly si ottiene combinando una Straddle in acquisto, Long Straddle (con due strike ATM), e una Strangle in vendita, Short Strangle (con due strike OTM). Il compratore di una Iron Butterfly ha aspettative volatili su un titolo, perciò compra una Straddle a minor prezzo (grazie alla Strangle venduta) e limita il profitto potenziale.

Previsione: neutra, purché si muova.

Perdita massima: è pari al debito netto pagato.

Profitto massimo: differenza tra strikes – debito netto x 100.

Breakeven superiore: strike price Long (ATM) + debito netto.

Breakeven inferiore: strike price Long (ATM) – debito netto.

Esempio: YHOO prezza a 24.37$. Ho aspettative moderatamente volatili del titolo, ma non so in che direzione. Compro una Straddle, costituita da una Call e una Put, entrambe con lo stesso strike ATM di 25$, pagando un debito di 4.71$. Contemporaneamente vendo una Strangle, costituita da una Call OTM con strike 30$ e una Put OTM con strike 20$, incassando il credito complessivo di 1.2$. Tutte le opzioni hanno la stessa scadenza. La massima perdita è di 354$, che corrisponde al debito netto per aprire la posizione. Il profitto massimo è 146$. Breakeven superiore = 25$ + 3.54$; Breakeven inferiore = 25$ - 3.54$.

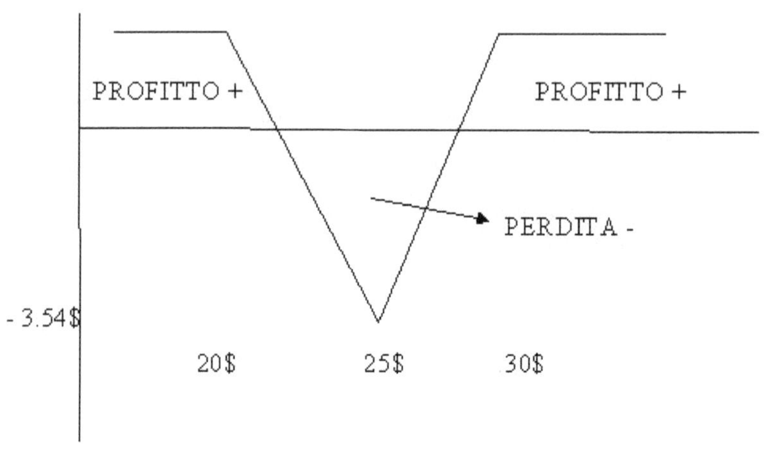

Le greche:

Delta: neutra;

Gamma: positiva;

Theta: negativa;

Vega: positiva.

Gli Earnings: se è possibile andargli incontro è meglio.

Volatilità implicita: Anche qui raccomando di cercare gli skews.

Al contrario, una Short Iron Butterfly si ottiene acquistando una Strangle, Long Strangle (con due strikes OTM), e vendendo una Straddle, Short Straddle (con due strike ATM). Il venditore di

Iron Butterfly scommette su una stabilità futura della quotazione, tutto ciò ponendo un limite alle perdite con una Long Strangle di copertura.

Previsione: laterale.
Perdita massima: differenza tra strikes – credito netto x 100.
Profitto massimo: è pari al credito netto incassato.
Breakeven superiore: strike price Short (ATM) + credito netto.
Breakeven inferiore: strike price Short (ATM) – credito netto.

Esempio: MSFT prezza a 29.03$. Penso che il titolo rimanga stabile in un trading range per un po' di tempo, così compro una Strangle con strikes OTM diversi tra di loro, 32$ per la Call e 26$ per la Put, pagando il premio complessivo di 0.39$ e contemporaneamente vendo una Straddle con strikes 29$ ATM uguali tra di loro, incassando un credito di 2.18$. Tutte le opzioni hanno la stessa scadenza. La massima perdita è di 121$. Il profitto massimo è pari al credito netto incassato, cioè 179$. Breakeven superiore = 29$ + 1.79$; Breakeven inferiore = 29$ - 1.79$.

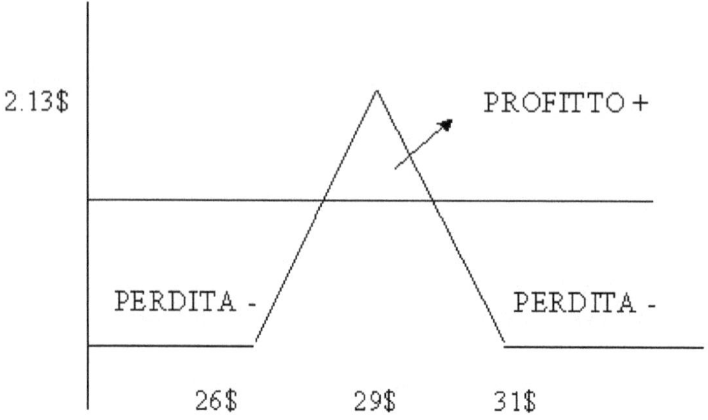

Le greche:

Delta: neutra;

Gamma: negativa;

Theta: positiva;

Vega: negativa.

Gli Earnings: evitali a tutti i costi, piuttosto apri la posizione dopo il loro passaggio.

Volatilità implicita: ricerca gli skews.

Passiamo ora alle Condor. La Condor è una strategia simile alla Butterfly con la sola differenza che nella sua costruzione vengono usati quattro strikes differenti. Ciò si traduce in un allargamento dei punti di apprezzamento e di conseguenza l'allargamento dei punti di Breakeven.

Anche questa strategia può essere costruita in due modi:

- abbinando due Spread verticali;
- abbinando due Spread di Strangle.

Abbinando due Spread verticali (un Debit e un Credit con quattro strikes differenti) con opzioni della stessa natura, o tutte Call o tutte Put, si può costruire o una Long Condor o una Short Condor. La Long Condor si ottiene acquistando uno strike price ITM ed uno OTM e contemporaneamente vendendo due strikes centrali ai precedenti e diversi tra loro: uno strike ITM-ATM e un altro ATM-OTM. Un compratore di Condor scommette su un mercato stabile.

Previsione: laterale.
Perdita massima: debito netto pagato.
Profitto massimo: differenza tra strikes – debito netto x 100.
Breakeven superiore: strike price Long (OTM) - debito netto.
Breakeven inferiore: strike price Long (ITM) + debito netto.

Esempio: MMM prezza a 77.55$. Ho aspettative abbastanza stabili. Compro una Call ITM con strike 65$ pagando 12.9$ e un'altra Call OTM con strike 90$ per 4.4$.

Contemporaneamente vendo una Call con strike 75$ per 1.75$ e un'altra con strike 80$ per 0.15$. Il debito totale pagato è di 6.9$, cioè 690$. La Perdita massima è pari a 690$. Il massimo profitto è pari a 310$. Breakeven superiore = 90$ - 6.9$; Breakeven inferiore = 65$ + 6.9$

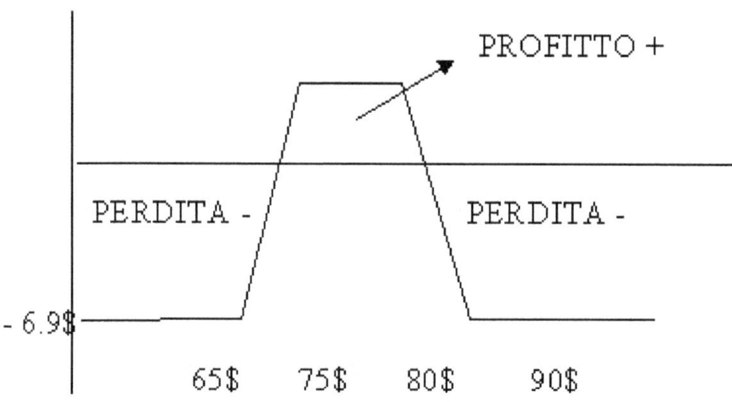

Le greche:

Delta: intorno a 0,50 se Call, intorno a – 0,50 se Put;

Gamma: negativa;

Theta: positiva;

Vega: negativa.

Gli Earnings: evitali a tutti i costi, piuttosto apri la posizione dopo il loro passaggio.

Volatilità implicita: ricerca gli skews.

La Short Condor si ottiene, specularmente alla precedente, vendendo uno strike basso (ITM) e uno strike alto (OTM) e contemporaneamente comprando due stike centrali tra i precedenti. Un venditore di Condor scommette su un mercato volatile.

Previsione: neutra purché si muova consistentemente.

Perdita massima: differenza tra strike – credito netto incassato.

Profitto massimo: è pari al credito netto ricevuto.

Breakeven superiore: strike price Short (OTM) - credito netto.

Breakeven inferiore: strike price Short (ITM) + credito netto.

Esempio: BIIB prezza a 63.01$. Ho aspettative movimentate, così compro una Call con strike 60$ per 5.9$ e un'altra con strike 65$ per 3.2$. Contemporaneamente vendo una Call ITM con strike 55$ per 9.1$ ed un'altra OTM con strike 70$ per 1.3$. La perdita massima è pari a 370$. Il profitto massimo è pari 130$, ossia il credito ricevuto. Breakeven superiore = 70$ - 1.3$; Breakeven inferiore = 55$ + 1.3$.

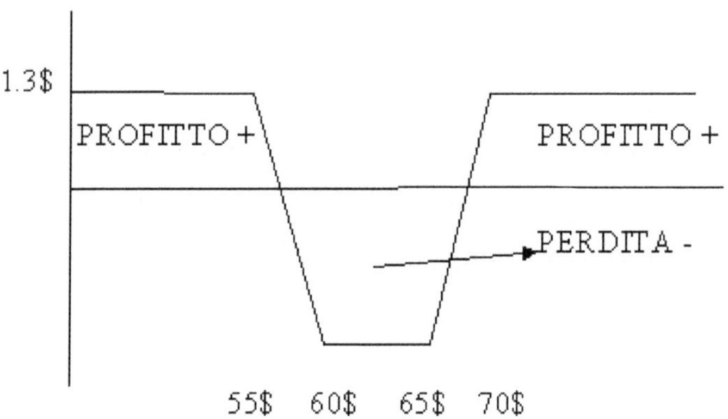

Le greche:

Delta: intorno a 0,50 se Call, intorno a -0,50;

Gamma: positiva;

Theta: negativa;

Vega: positiva.

Gli Earnings: Tutto sommato la strategia è indifferente a quest'evento, ma se è possibile andargli incontro è meglio.
Volatilità implicita: raccomando di ricercare gli skews.

La Condor può essere costruita abbinando delle Strangle, cioè creando uno Spread di Strangle, in questo caso prende il nome di Iron Condor.

Una Long Iron Condor si costruisce abbinando l'acquisto di una Strangle out of the money, alla vendita di una Strangle deep out of the money. Un compratore di Iron Condor prevede un mercato oscillante.

Previsione: neutra purché oscillante.
Perdita massima: è pari al debito netto pagato.
Profitto massimo: differenza tra gli strikes – debito netto x 100.
Breakeven superiore: strike price Long Put (ATM-OTM) + debito netto.
Breakeven inferiore: strike price Long Call (ATM-OTM) – debito netto.

Esempio: BA prezza a 84.06$. Ho aspettative molto volatili. Compro una Strangle OTM, cioè una con Call strike 90$ e una Put con strike 80$, pagando complessivamente 1.95$. Contemporaneamente vendo una Strangle deep OTM, costituita da una Call con strike 95$ e una Put con strike 75$, ricevendo il credito complessivo di 0.5$. Il debito netto è pari a 145$. La perdita massima è pari a 145$, cioè pari al debito netto. Il massimo profitto è pari 355$. Breakeven superiore = 80$ - 1.45$; Breakeven inferiore = 90$ + 1.45$;

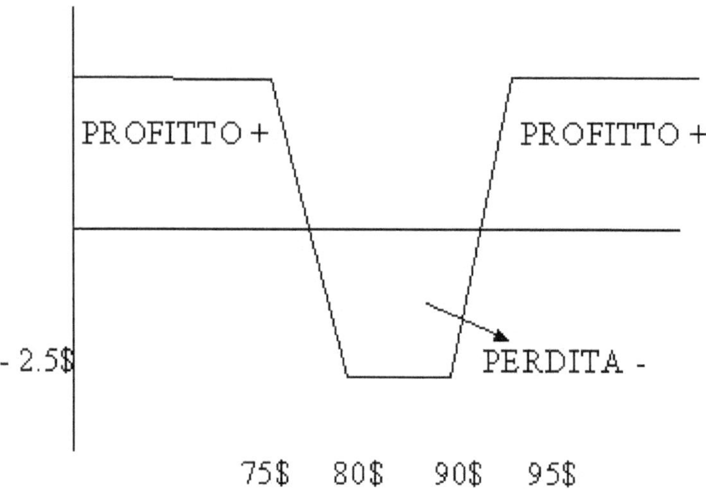

Le greche:

Delta: neutra;

Gamma: positiva;

Theta: negativa;

Vega: positiva.

Gli Earnings: la posizione ottimale rispetto agli Earnings è di posizionarsi prima della loro dichiarazione e restare in posizione fino al loro trascorrere.

Volatilità implicita: ricerca gli skews.

La Short Iron Condor al contrario si ottiene abbinando l'acquisto di una Strangle deep out of the money, Long Strangle (OTM) alla vendita di una Strangle out of the money. In questo caso prende il nome di Iron Condor, cioè uno Spread di Strangle. Il venditore di Iron Condor ha previsioni stabili della quotazione.

Previsione: laterale.

Perdita massima: è pari al credito incassato.

Profitto massimo: differenza tra strikes – credito netto.

Breakeven superiore: strike price Long Call (deep OTM) - credito netto.

Breakeven inferiore: strike price Long Put (deep OTM) + credito netto.

Esempio: XOM prezza ad 89.51$. Ho aspettative stabili. Compro una Strangle deep OTM, cioè una Call con strike 95$ e una Put con strike 75$, pagando il debito complessivo di 1.02$. Contemporaneamente vendo una Strangle OTM, più precisamente uno strike Call pari a 90$ e uno strike Put pari a 80$, per un credito complessivo pari a 2.98$. Ricevo un credito netto di 1.96$, cioè 196$. La perdita massima è pari a 196$, cioè pari al credito incassato. Il profitto massimo è pari a 304$. Breakeven superiore = 95$ - 1.96$; Breakeven inferiore = 80$ + 1.96$.

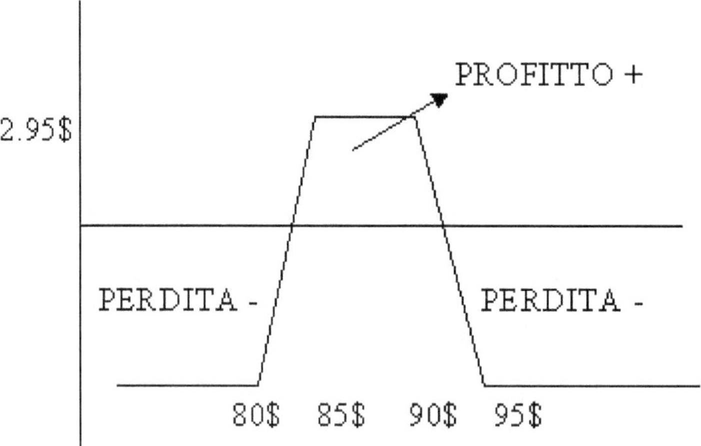

Le greche:

Delta: neutra;

Gamma: negativa;

Theta: positiva;

Vega: negativa.

Gli Earnings: evitali a tutti i costi, piuttosto apri la posizione dopo il loro passaggio.

Volatilità implicita: ricerca gli skews.

SEGRETO n. 34: saper effettuare la Butterfly e la Condor.

Altre strategie meno convenzionali

Per rendere più completa la tua formazione, vorrei menzionarti ancora altre strategie, che non vedremo proprio nel dettaglio perché sono molto "scomode". Sentirai parlare quasi sicuramente di Diagonal Spread, Ratio Backspread e Ratio Spread, Ladder, Strip e Strap, Combo, Collar Spread e persino di Doppia Butterfly e Short Calendar Spread.

La Diagonal Spread è una strategia che fa parte della famiglia degli Spread, ma in questo caso entrambe le opzioni, sia quella comprata che quella venduta, hanno diverso strike price e scadenza differente. Può essere paragonata ai Debit e Credit Spread, solo che possiede una scadenza diversa tra le opzioni che la compongono e viene principalmente utilizzata dagli operatori per “correggere” una posizione non andata secondo aspettativa.

I Ratio Backspread e Ratio Spread sono costituiti da tre opzioni, o della stessa natura (cioè o tutte Call o tutte Put), o da Call e Put insieme e con la stessa scadenza. Con opzioni della stessa natura possono essere costruiti dall’abbinamento di un Bull Spread o Bear Spred a un’altra opzione (o Long o Short). È come creare uno Spread su un solo lato, lasciando praticamente senza limiti il lato opposto, proprio come una Butterfly mancante di una delle due ali.

Se la costruzione è costituita da un Credit Spread più una Long Call o Put, si tratta si Ratio Backspread, se invece è costituita da un Debit Spread più una Short Call o Put, si tratta di un Ratio Spread. In sostanza in posizione di credito si parla di Ratio Backspread, in posizione di debito si parla di Ratio Spread.

Con opzioni di diversa natura è esattamente come costruire una Straddle (o Long o Short) con uno Spread ad un lato soltanto.

Eccoti le possibili combinazioni grafiche per schiarirti le idee:

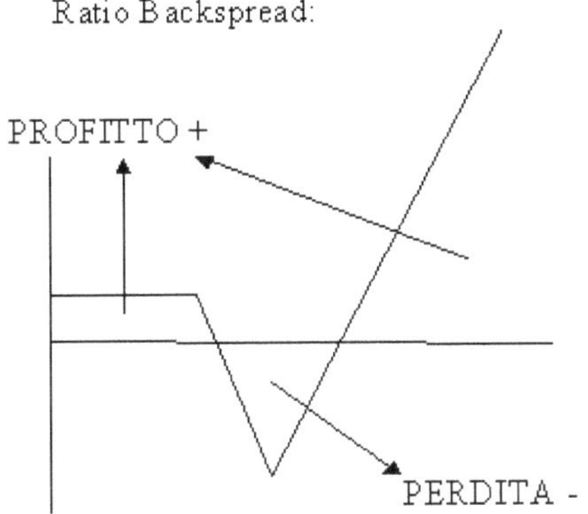

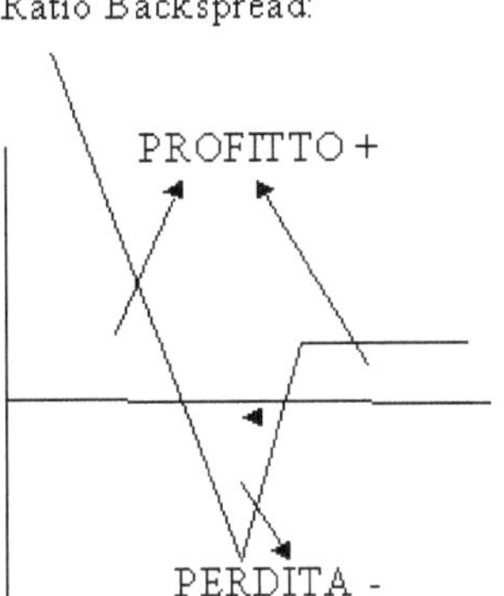

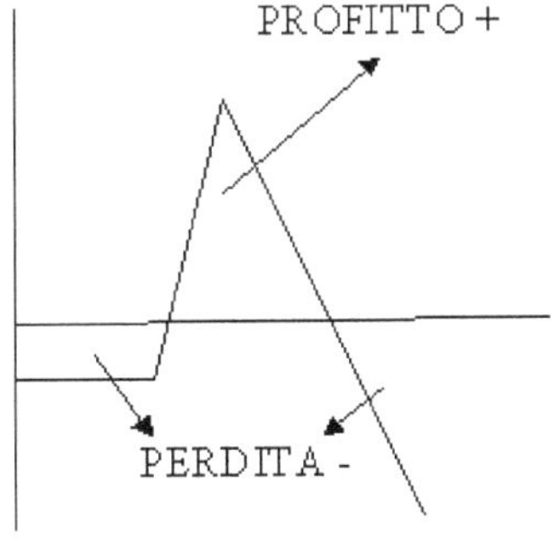

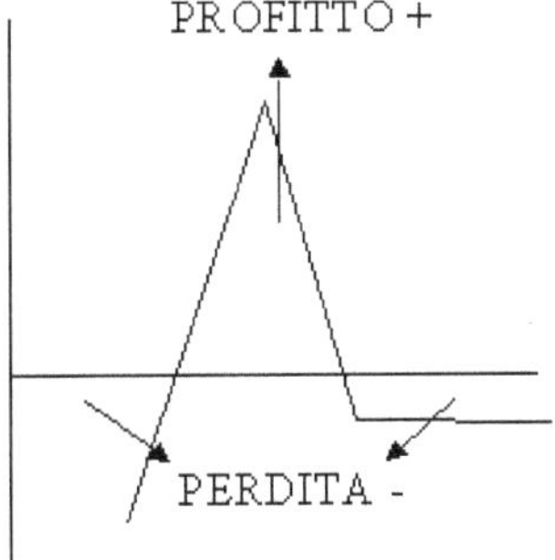

La Ladder è una strategia simile al Ratio Spread dove l'operatore prende una duplice posizione, direzionale e di volatilità. In pratica la Ladder è una Condor mancante di una delle due ali.

La Strip è una strategia che consiste nell'abbinare una Long Straddle ad una Long Call, in prospettiva di un trend molto movimentato e orientato al rialzo. La Strap al contrario è una strategia che consiste nell'abbinare una Long Straddle a una Long Put, in prospettiva di un trend molto movimentato e orientato verso il ribasso.

La Combo è semplicissima, non si tratta nient'altro che della combinazione di due o più opzioni di diversa natura, oppure di una combinazione di due o più strategie che richiedo la movimentazione e la combinazione di più opzioni.

Le Collar Spread sono strategie che comportano, similmente alla strategia Hedging, la combinazione di opzioni con azioni, definendo particolari forme di Spread.

La Doppia Butterfly, come la stessa nomenclatura sancisce, corrisponde all'unione di due Butterfly. È molto complicato spiegarti la sua costruzione e il suo funzionamento a parole, possiamo sintetizzare il tutto con un grafico:

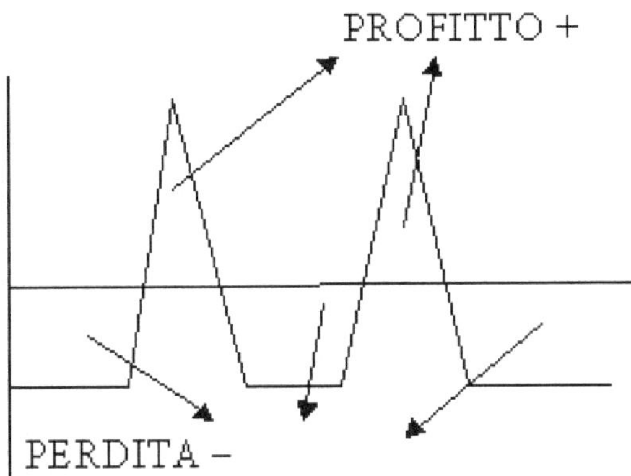

A questo punto le cose si fanno troppo complicate e dispersive. Se pensi che per ognuna di tali strategia si possono assumere posizioni Short e Long e abbinare Spread, Straddle e Strangle, per non parlare del fatto che a questo punto nulla nega l'esistenza anche di una Doppia Condor… non ne usciamo più.

Io voglio che tu abbia una completa formazione e voglio che quando si discuta di Trading tu sappia sempre di che cosa si sta parlando. Ecco perché ti menziono strategie che come questa non utilizzeremo mai, perché non servono a nulla, e poi perché si sfocia nel campo della matematica pura da questo punto in poi, e noi vogliamo solo fare soldi ok?

Non vogliamo essere geni da laboratorio squattrinati. La Doppia Butterfly e le Doppie Condor rivestono molto fascino tra gli operatori più fantasiosi per la loro forma particolare, ma posso garantirti che la regola dove tutte le cose belle all'apparenza sono in genere poco utili o poco funzionali vale anche per le Doppie Butterfly e le Doppie Condor. Queste infatti sono strategie costosissime in termine di commissioni e poco remunerative in termine di profitti.

Abbiamo approfondito il funzionamento della Long Calendar Spread, esiste in realtà anche la figura speculare, ossia la Short Calendar Spread.

Corrisponde all'esatto opposto della Long, la costruzione e i criteri operativi sono infatti identici, solo che in questo caso si acquista un'opzione a breve termine e si vende sempre una stessa opzione a medio-lungo termine. Si riceve perciò un credito all'apertura della posizione e si scommette su un mercato volatile e in qualunque direzione, che possa far apprezzare il più possibile di volatilità l'opzione a breve acquistata.

Come aspettative è molto simile ad una Straddle, ma la questione è diversa, perché mentre con una Straddle puntiamo a conquistare valore intrinseco e volatilità, con una Short Calendar puntiamo sull'apprezzamento e sulla sensibilità che subisce un'opzione a breve termine nei confronti della volatilità rispetto a quella a lungo termine.

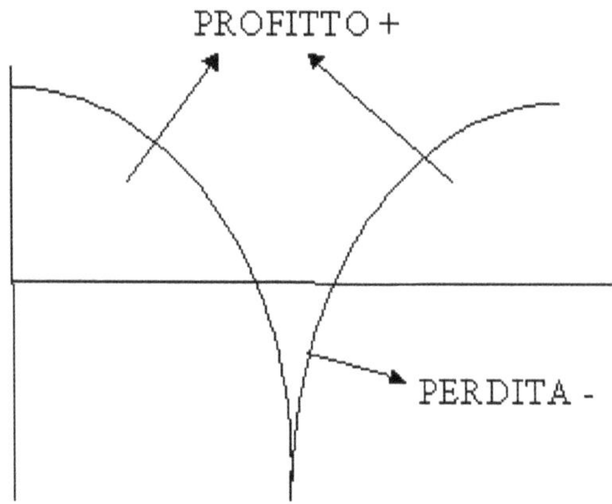

Saper "Aggiustare" una posizione in perdita

Può capitare che una strategia applicata su una previsione errata vada in perdita, cioè si riveli un "fiasco". Esiste tuttavia un metodo molto semplice per recuperare le perdite subite e addirittura, se ben riuscita, tale strategia di "salvataggio" può portare a dei profitti, pensa!

Il segreto sta nel saper usare gli Spread correttamente e nel momento giusto. Facciamo subito un esempio: il titolo prezza 50$. Ho aspettative rialziste, così decido di comprare una Call ATM con strike 50$ e scadenza giugno. La previsione si rivela errata e il titolo scende di 2 punti e va a 48$. A questo punto siamo di fronte a tre scelte: o continuiamo mantenendo la posizione e sperando in un'inversione, o liquidiamo la posizione in perdita per salvare il salvabile, o piazziamo un Diagonal Spread molto simile a un Credit Spread.

Sì, hai capito bene: un Credit Spread. Infatti possiamo trasformare una Long Call in un Credit mantenendo l'opzione ATM acquistata, ma vendendo, sempre alla stessa scadenza (in questo caso si parla di Credit Spread) o con scadenza diversa (in questo caso si parla di Diagonal Spread), a seconda della tempistica della correzione, una Call più in the money della precedente.

A questo punto ci ritroviamo con una Call acquistata precedentemente con strike 50$ e una Call venduta dopo come correzione, con strike 48$. Abbiamo aperto un Bear Call Spread di correzione, ciò significa che se il titolo rimane fermo o scende (mandando in malora ogni previsione), guadagniamo il credito della vendita, che non solo ci farà recuperare le perdite subite, ma, se ben riuscita, la strategia ci porterà addirittura in profitto.

È questo quello che intendevo quando dicevo che le opzioni sono lo strumento finanziario più flessibile che ci sia.

A seconda delle strategie applicate puoi sempre "rattoppare" creando un Diagonal Spread, o Bull o Bear, o a credito o a debito, senza il bisogno di chiudere l'intera posizione deluso e amareggiato. L'importante è che lo Spread sia speculare alla strategia in perdita.

Ora ti premetto che è possibile rimediare in qualche modo a qualsiasi situazione di perdita. Ma in base alla mia esperienza, ho constatato che l'uso degli Spread per "riparare" una posizione o una strategia, esprime il suo massimo vantaggio solo con le strategie direzionali.

Secondo me è inutile cercare di riparare strategie complicate come Butterfly e Condor. Infatti quando una strategia del genere va in perdita, per ripararle occorrono grossi cambiamenti e grosse spese di commissioni. È come se si aprisse una nuova posizione… non ne vale la pena, rassegnati, chiudi la posizione e aprine un'altra con una strategia completamente diversa.

Per riparare le strategie non direzionali, compresi gli Spread, occorre quasi sempre aprire una posizione diametralmente opposta e ciò si traduce in più complessità e molte operazioni di brokeraggio da eseguire. Ecco perché generalmente non riparo mai le strategie non direzionali. Così queste ultime, se in perdita, le chiudo, accetto la perdita e dico: «Sono contento di aver sbagliato e imparato! Ringrazio per la saggezza acquisita!»

Chiudo la questione e vado avanti. Ricorda che ogni errore che commetti, per quanto grave, è sempre accompagnato da una magia, un'opportunità nascosta al suo interno. Cioè l'opportunità di diventare più forti e più saggi per cogliere nuove occasioni future.

Perciò quando ne commetti uno, non perdere neanche un minuto per i rimpianti e i pentimenti. Piuttosto rafforza il tuo stato emotivo, pensa, visualizza e agisci verso la sua risoluzione. Vedrai che su questa strada troverai la soluzione e spesso una nuova opportunità celata dietro le quinte.

Nettamente diverso è il discorso per le strategie direzionali. Durante il corso della mia carriera da operatore di Borsa, la maggior parte delle volte che ho riparato queste strategie si sono rivelate un vantaggio. Questo è dovuto al fatto che sono strategie semplici e basta una sola operazione di brokeraggio per rimediare alle loro perdite. Le strategie direzionali che utilizziamo sono: Long Call/Put e Debit Spread (non utilizzare mai Short Call/Put). Vediamo con degli esempi pratici come riparare ciascuna di queste strategie.

Long Call

Ammettiamo di aver aperto una posizione su AKAM, più propriamente una Long Call. Il titolo prezza 32.92$ e abbiamo comprato una semplice opzione Call con strike 35$ e scadenza luglio, pagando 1.45$, cioè 145$ di premio complessivo.

Purtroppo il titolo il giorno successivo subisce un deprezzamento di 0,83 punti. Agendo in tempo possiamo cercare di rimediare piazzando un Bear Call Spread (Credit Spread). Cioè manteniamo sempre attiva la Call acquistata in precedenza e vendiamo un'altra opzione Call con strike inferiore, ossia 30$, con scadenza sempre a luglio e ricevendo il credito di 400$.

A questo punto, se titolo continua a scendere guadagneremo sino a un massimo, costituito dal credito incassato, cioè 255$. Se invece rimane fermo guadagneremo ugualmente con il trascorrere del tempo. Graficamente abbiamo avuto il seguente passaggio:

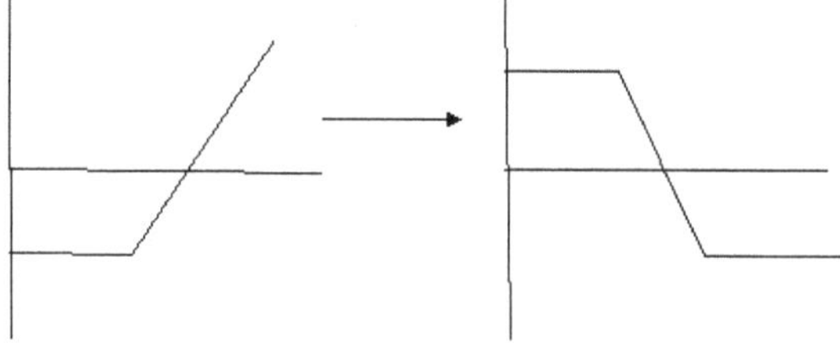

Long Put

Ora ammettiamo di aver aperto una posizione bearish su EOG con una Long Put. Il titolo prezza a 120$ e noi abbiamo scommesso a ribasso comprando una Put con strike 115$, con scadenza agosto e pagando 5.90$, per un premio complessivo di 590$.

Il titolo contro le nostre aspettative rimane fermo e le perdite iniziano a farsi sentire dopo poco tempo. Così immediatamente piazziamo un Bull Put Spread vendendo uno strike superiore - e cioè a 120$ - con scadenza agosto e ricevendo il premio di 8.80$, cioè 880$. Ora ci ritroviamo con 290$ di credito e se il titolo rimane fermo guadagneremo al trascorrere del tempo. Se subisce una tendenza al rialzo guadagniamo lo stesso!

Graficamente abbiamo avuto il seguente passaggio:

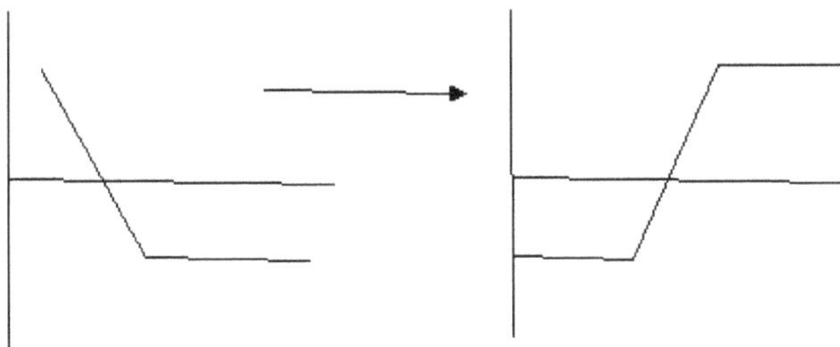

Debit Spread

Il Debit Spread è l'unico Spread che è conveniente "aggiustare", infatti spesso può dare delle ottime soddisfazioni. Ammettiamo che NSC prezzi 56.7$. Abbiamo prospettive moderatamente rialziste, così piazziamo un Debit Spread, o meglio un Bull Call Spread.

Acquistiamo una Call quasi ATM con strike 55$, scadenza agosto, pagando il premio di 5.7$, cioè 570$. Allo stesso tempo vendiamo un'altra Call OTM con strike 65$, scadenza agosto e ricevendo il credito di 1$, cioè 100$. A questo punto il costo complessivo dell'operazione è di 470$.

Malauguratamente il titolo nelle battute successive inizia a scendere moderatamente, così immediatamente noi revochiamo il Bull Call Spread ricomprando l'opzione venduta con strike 65$ e vendiamo un'altra opzione con strike 50$ ITM, con scadenza agosto e ricevendo il credito di 9.60$, cioè 960$. Da una posizione di debito iniziale di 470$, siamo passati ad avere una posizione di credito di 3.9$, cioè 390$.

A questo punto abbiamo effettuato due operazioni di brokeraggio, ma da una posizione unidirezionale in perdita, siamo passati a una posizione bidirezionale, cioè a Bear Call Spread che ci permette di guadagnare sia se il titolo dovesse scendere, sia se dovesse scorrere lateralmente.

Graficamente abbiamo avuto il seguente passaggio:

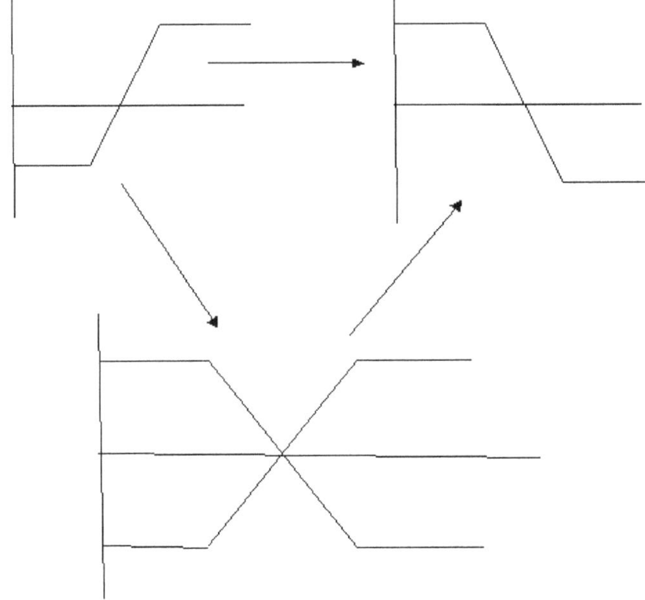

Come hai potuto constatare ho descritto approfonditamente solo queste tre strategie. Beh, si tratta di tre strategie direzionali, cioè che prendono beneficio dall'andamento verso un'unica direzione. Unidirezionali appunto.

Tutte le volte che ho provato ad "aggiustare" strategie non direzionali o bidirezionali come Straddle, Calendar o Butterfly ho dovuto sostenere degli ingenti costi di commissioni e aprire una posizione praticamente opposta. Era come aprire delle nuove posizioni, piuttosto che riparare una posizione.

Il risultato è che non recuperavo nemmeno la perdita subita. Fidati di me, aggiusta solo strategie unidirezionali, perché riparare una posizione ha senso solo se poi se ne ottiene un vantaggio, anche dal punto di vista puramente probabilistico.

Infatti tutti gli aggiustamenti fatti negli esempi precedenti sono stati semplici e hanno portato la posizione da unidirezionale a bidirezionale, cioè da un 33% a un 66% di probabilità di avere successo. Questo significa che nelle strategie direzionali "rattoppate" con degli Spread, avremo almeno il 66% di probabilità di rimediare alle perdite subite e conferire nonostante ciò un profitto.

SEGRETO n. 35: saper utilizzare gli Spread per "riparare" una posizione in perdita.

RIEPILOGO DEL CAPITOLO 7:

- SEGRETO n. 31: capire gli Spread e la loro grande utilità. Capirne inoltre i pregi e i difetti, nonché le qualità e i limiti.
- SEGRETO n. 32: saper effettuare i Vertical Spread.
- SEGRETO n. 33: saper effettuare una Calendar Spread.
- SEGRETO n. 34: saper effettuare la Butterfly e la Condor.
- SEGRETO n. 35: saper utilizzare gli Spread per "riparare" una posizione in perdita.

GLI 11 PASSI PER ENTRARE NELL'"ARENA"

PASSO 1: Saper leggere l'andamento dei prezzi

Spesso al Tg nella sezione economia sentiamo: «Il titolo è salito di 2 punti». Oppure: «Il titolo è sceso del 7%». Ma che cosa significa e come interpretare questi valori? Per i più esperti trattare questo argomento sembra uno scherzo, ma preferisco comunque inserire questi accorgimenti, perché voglio semplicemente che il lettore una volta terminato questo ebook, sia in grado di essere già operativo.

Per verificare l'andamento di un titolo verifichiamo se è progredito o degredito Dal punto di vista della quotazione, esistono due modi:

- progressione o degressione a punti;
- progressione o degressione percentuale.

La cosa è talmente semplice che così, senza un esempio risulta anche difficile da spiegare, perciò ecco degli esempi pratici.

Progressione a punti:

AAPL ha chiuso a 122.55$, il prezzo di chiusura della giornata precedente è stato di 120.93$. Si tratta di una variazione positiva, il titolo è progredito, perché è salita la quotazione. Per cui la variazione sarà uguale a: Prezzo di chiusura – prezzo di chiusura della giornata precedente. In questo caso: 122.55$ - 120.93$ = 1.32$.

↑ 1,32 = si dice che il titolo è salito di 1.32 punti.

Degressione a punti:

XOM ha chiuso a 82.49$, il prezzo della giornata precedente è stato di 84.51$. Si tratta questa volta di una variazione negativa, cioè il titolo è sceso. Per cui la variazione sarà uguale a: prezzo di chiusura della giornata precedente – prezzo di chiusura. In questo caso: 84.51$ – 82.49$ = 2.02$

↓ 2.02 = si dice che il titolo è sceso di 2.02 punti.

Progressione percentuale:

AAPL ha chiuso a 122.25$. Il prezzo di chiusura della giornata precedente è stato 120.93$. Prima abbiamo verificato la variazione a punti, che è stata positiva, cioè il titolo è salito di 1.32 punti. Avendo la variazione a punti è possibile calcolare la variazione percentuale. In questo caso la quotazione è aumentata, per cui si parla di una progressione percentuale, che è data da: variazione a punti x 100/prezzo di chiusura della giornata precedente. Per cui: 1.32 x 100/ 120.93 = 1.09%

↑ 1.09% = si dice che il titolo è salito dell'1,09 per cento.

Degressione percentuale:

XOM ha chiuso a 82.49$. Il prezzo di chiusura della giornata precedente è stato di 84.51$. La degressione a punti è stata di 2.02. In questo caso la quotazione è diminuita, per cui si parla di degressione percentuale, che è data da: variazione a punti x 100/prezzo di chiusura della giornata precedente. Per cui: 2.02 x 100 / 84.51 = 2.39%

↓ 2.39% = si dice che il titolo è sceso del 2.39 per cento.

Gli andamenti dei prezzi sono grosso modo pubblicati in queste forme, cioè o a punti, o a percentuale di variazione. Ma se ti capiterà di vedere un tabellone elettronico in Borsa, in qualche film americano in stile anni '80, noterai un andamento di questo tipo: 14 ½ , cioè 14 e un mezzo. Niente paura, la frazione scritta dopo il valore numerico principale corrisponde solo al valore dei numeri dopo la virgola scritti in forma di frazione; infatti 14 ½ corrisponde semplicemente a 14.5$.

SEGRETO n. 36: saper seguire l'andamento della quotazione.

PASSO 2: La scelta dei siti internet con cui operare

Da quando hanno reso il mercato totalmente a gestione telematica, questa professione gira tutta intorno al computer. Gli strumenti che utilizziamo per fare trading si trovano tutti online, nei siti internet. Ora sono tanti i siti internet di supporto ai traders, ma io ti fornisco i migliori. E c'è da dire che ogni sito possiede un suo punto di forza, ecco perché io stesso, come molti traders, non faccio affidamento solo su un sito, ma attuo vere e proprie combinazioni, estrapolando il meglio da ogni sito, in modo da massimizzare l'efficienza analitica e interpretativa.

Definiamo quali utilizzerai. Ti farò conoscere il mio metodo, ma non devi seguirlo per forza alla lettera, cerca di ispezionare in profondità ogni sito che ti elencherò, conoscili e valuta quali sono i migliori per te, quelli con cui sviluppi più confidenza.

Il sito principale a cui faccio riferimento è

www.optionxpress.com. Nella sezione quotazioni ("quotes"), cliccando su "quote detail" e digitando il codice nell'apposito spazio, guardo la quotazione del titolo di fine giornata.

Nella sezione "charts" e cliccando su "Flexcharts", controllo i grafici e l'andatura del prezzo in tempo reale, sia delle azioni, sia delle opzioni. Inoltre in fondo alla schermata e in qualsiasi pagina ti trovi, è presente una grafica. Qui è possibile inserire o il codice dell'azione o il codice dell'opzione, in maniera tale da controllare costantemente la domanda, l'offerta e il prezzo last (prezzo ultimo con il quale è avvenuta la transazione) in tempo reale.

Ricorda che quando compri paghi il prezzo ask (domanda), quando vendi il prezzo bid (offerta). Inoltre sempre su questo sito mi alleno con il trading virtuale (paper trading o virtual trading), servizio accessibile nella sezione "toolbox".

Ricordati che per accedere a tutti i servizi devi obbligatoriamente registrarti, gratuitamente e senza impegno. Per farlo clicca sulla voce "open an account", compila i moduli… (tranquillo senza alcun impegno) e poi effettua il login con il tuo nome utente e password.

Sul sito www.earnings.com controllo le date degli Earnings trimestrali inserendo il codice o il nome dell'azienda in alto a destra nella homepage e scorrendo in basso fino al quadrante Earnings releases.

Sul sito www.quote.com analizzo trimestralmente i fondamentali delle aziende, cioè stato patrimoniale, conto economico, cashflow e i rapporti finanziari, ossia tutto ciò che concerne gli utili e i dividendi. Lo trovo il sito più chiaro e completo nell'ambito dell'analisi fondamentale. Qui inoltre controllo il profilo dell'azienda, le news, le operazioni compiute dai più importanti insiders e le opinioni di alcuni analisti sul lungo-medio periodo.

Ma occhio, per le news è interamente in inglese, perciò per chi non lo "mastica" bene consiglio il sito http://it.finance.yahoo.com/. In www.quote.com, una volta nella homepage, clicca su "US market", poi su "stock" e poi digita il codice, ti si aprirà l'interfaccia con tutte le informazioni (financials, corporate information, news, insiders, analyst…).

Su http://it.finance.yahoo.com/ guardo le news in italiano e mi confronto con le opinioni degli analisti. Anche qui basta digitare il codice o il nome dell'azienda e si aprirà una pagina, dove a sinistra vi è un elenco dove è possibile verificare le notizie, le info e le stime degli analisti.

Su www.stockhouse.com posso verificare l'elenco delle aziende quotate sul mercato USA, visualizzando il nome intero e la codificazione. Tutto questo semplicemente iniziando a digitare le iniziali in alto a sinistra nell'apposito spazio della homepage. Tale sito, come pure www.smartmoney.com, può essere usato anche come valida alternativa a http://www.quote.com/ per l'analisi dei fondamentali.

Su www.stockfetcher.com, in basso a destra nella homepage c'è una funzionalità molto interessante. Impostando alcuni parametri è in grado di elencarti i titoli USA che hanno toccato nuovi massimi o nuovi minimi e quelli che hanno subito delle variazioni e dei volumi di scambio più elevati.

Elenco dei siti più interessanti:

www.downloadquotes.com

www.smartmoney.com

www.stockcharts.com

www.earnings.com

www.nasdaq.com

www.bloomberg.com

www.wealth-lab.com

www.optionsxpress.com

www.stockfetcher.com

www.optionstrategist.com

www.stockhouse.com

www.quote.com

www.prorealtime.com

it.yahoo.finance.com

moneycentral.msn.com

SEGRETO n. 37: prendere confidenza con un gruppetto di siti e usare solo quelli.

SEGRETO n. 38: tenere d'occhio la quotazione almeno una volta al giorno e possibilmente negli orari critici di apertura o

chiusura del mercato.

PASSO 3: Il software per l'analisi strategica

Durante il corso di questo ebook ti ho insegnato a disegnare autonomamente i grafici rischio/rendimento, il che è una cosa essenziale, soprattutto per chi non ha mai sentito parlare di trading. Ma una volta compreso il meccanismo di costruzione di tali grafici, puoi tranquillamente usare la precisione e la sistematicità del PC per la loro costruzione.

Inoltre vi sono parametri da analizzare, come le greche, che cambiano spesso. Risultano perciò difficilmente calcolabili di volta in volta. Abbiamo così bisogno di un software adatto e che si aggiorni ad ogni variazione di mercato.

Esistono molti software per la pianificazione strategica delle operazioni. Questi servono a fornire con estrema precisione i dati dell'option data table, ossia una tabella riportante le caratteristiche delle opzioni da contrattualizzare.

L'option data table serve perciò a fornire essenziali informazioni, quali: il codice, gli strike disponibili, le scadenze e il prezzo delle opzioni. Inoltre indica gli open interest (OI), cioè il numero di posizioni aperte per quella determinata opzione, comprendenti le posizioni sia Short che Long. Ciò serve a capire se non siamo gli unici a operare con quel contratto. In quel caso c'è qualcosa che non va. Se gli OI non sono almeno superiori a 200, non effettuare operazioni con quella data opzione.

Le funzionalità del software in generale ci permette di analizzare a fondo il nostro trade e le nostre opzioni. Cioè come si combinano tra di loro e gli effetti di tali combinazioni, i grafici rischio/rendimento delle operazioni, della volatilità implicita e del time decay, i punti di Breakeven e le greche.

I codici, i prezzi, le date di scadenza e gli OI sono elencati anche nell'option screener del broker, ossia una tabella che accerta la disponibilità contrattuale dello strumento finanziario prescelto e ne descrive le caratteristiche principali. La funzione principale dei software è quella di supervisionare e veicolare la tempistica dell'investimento.

Questo perché ci fornisce dati come le perdite o il profitto raggiunti, istante per istante. Una volta presa dimestichezza con un qualsiasi software, sarà, insieme a www.optionsxpress.com, la nostra base operativa. Infatti terremo con questi strumenti sotto controllo il nostro trade.

I migliori software con cui ho avuto a che fare sono sostanzialmente due: Optionetics e Options oracle. Ora ti starai domandando quanto verrebbe a costare un software del genere. Beh, Optionetics è a pagamento e non è un programma installabile. Infatti ci si abbona per un anno al costo di 1000$ e si accede con nome utente e password direttamente dalla rete e dal sito www.optionetics.com.

Options Oracle è invece un programma scaricabile e installabile gratuitamente da un link; Vai sul sito www.samoasky.com, clicca nella sezione "download" e scarica la più recente versione disponibile, installalo e ogni volta che effettuerai un accesso si aggiornerà automaticamente da un server centrale. Inoltre al suo interno vi è un pulsante per aggiornarlo ogni volta che si vuole durante il corso di una seduta di contrattazione.
Personalmente mi trovo meglio con Options Oracle (non perché è

gratuito…). I grafici mi piacciono di più (sia quelli di rischio/rendimento, sia quelli della volatilità implicita). È più semplice, più flessibile per la pianificazione strategica nella visualizzazione dell'option data table e delle greche. Options Oracle può essere anche usato per fare pratica con il trading virtuale.

Non sto qui a spiegarti come si usa e le sue funzionalità, perché, uno è semplicissimo (essendo formato da un'unica interfaccia principale) e due contiene al suo interno un tutorial completamente in italiano. "Smanettaci" un po', ti assicuro che ci prenderai presto confidenza.

Breakeven, protection e current return

Con l'uso di Options Oracle nella costruzione di uno Spread ti imbatterai sicuramente nella nomenclatura "upper" o "lower protection". La protezione (in italiano) corrisponde in realtà al punto di Breakeven, solo che il software nelle strategie che prendono profitto dalla lateralità della quotazione di un titolo lo riconosce sotto il nome di protection. Questo perché funge appunto da protezione per il contenimento del titolo, al di sotto o al di sopra del quale si inizia a perdere.

Inoltre nei grafici rischio/rendimento, parallelamente alla linea di Breakeven è raffigurato, sempre in Options Oracle, il "current return", cioè il ritorno corrente dell'investimento espresso in dollari. Può essere positivo se la posizione è in profitto, o negativo se la posizione è in perdita. Graficamente il current return corrisponde a una linea parallela alla linea di Breakeven che definisce, al di sotto o al di sopra di essa, l'inizio del ritorno delle commissioni e dello Spread pagati all' apertura della posizione.

Riassumiamo: la prima importante distinzione è tra Breakeven e protection. Il Breakeven corrisponde al punto di pareggio, ossia il punto in corrispondenza del quale non si è né in perdita e né in profitto e dove il nostro ritorno corrente è uguale a zero (non è né negativo, né positivo). Possiamo distinguere tra Breakeven superiore e Breakeven inferiore; all'esterno di essi si è in profitto, all'interno di essi si è in perdita.

La protection corrisponde sempre al punto di pareggio e possiamo distinguere tra protection superiore e protection inferiore. All'interno di esse si è in profitto, all'esterno di esse si è in perdita (al contrario dei Breakeven).

L'altra importante distinzione è tra linea di Breakeven e linea di current return. La linea di Breakeven corrisponde alla linea al di sopra del quale si è in profitto. La linea del current return è la parallela o al di sopra o al di sotto della linea di Breakeven, in cui si iniziano a recuperare le perdite per l'apertura della posizione, che graficamente corrispondono alla larghezza tra linea di Breakeven e la linea del current return.

SEGRETO n. 39: analizzare sempre il rischio/rendimento con Options Oracle prima di inoltrare un ordine e durante il mantenimento di una posizione.

SEGRETO n. 40: utilizzare Options Oracle per visualizzare l'option data table e www.optionsxpress.com per seguire l'andamento dei titoli e delle opzioni in tempo reale.

PASSO 4: Costruire un trading system. Esempio: il mio

trading system.
Come ho già detto occorre fare un po' di simulazione prima di iniziare sul serio a fare trading. Questo ti darà il tempo di creare il tuo trading system ideale e che probabilmente userai per il resto della vita.

Ora non ti sto a spiegare come si fa a creare un trading system, perché si tratta di un affare strettamente personale e molto probabilmente non ci riuscirei. O peggio, ti porterei fuori strada. Posso però mostrarti il mio come limpido esempio. Il mio trading system è molto semplice, contiene tutti gli strumenti utili per prevedere con ottime probabilità di successo l'andamento futuro della quotazione.

Per prima cosa analizzo la volatilità storica e la percentuale di cambiamento (percent change) che il titolo ha avuto in passato direttamente dal grafico, analizzando i prezzi. Questo per vedere se si tratta di un titolo abbastanza movimentato e liquido su cui piazzare delle strategie aggressive come piacciono a me.

Subito dopo, se il titolo mi piace, controllo se ci sono Earnings in avvicinamento, se sì, controllo pure quelli passati per vedere come si comporta abitualmente il titolo intorno a questo evento. Proseguo con una non approfondita analisi fondamentale. Infatti mi limito a dare un'occhiata ai rendiconti trimestrali, più precisamente agli utili, al cashflow e ad eventuali dividendi, per vedere come se la passano l'azienda e i suoi azionisti, al fine di stimare un primo andamento futuro della quotazione.

Poi controllo le news relative all'azienda e se tutto è OK, proseguo con l'analisi tecnica. Per prevedere la volatilità futura e implicita uso il grafico della volatilità e le bande di Bollinger, queste ultime mi forniscono pure ottime indicazioni di trend.

Come indicatore di trend uso le candlestick, analizzando a sua volta i patterns di candlestick, le trendlines e le relative figure o patterns e infine una media mobile esponenziale (EMA) a 20 giorni. Analizzo i volumi con l'ausilio di una media mobile esponenziale di volumi a 10 giorni.

Per stimare la forza del trend uso un indicatore trend following, cioè il MACD, e per monitorare la situazione di mercato del titolo uso un indicatore market following, cioè l'oscillatore Stocastico.

Infine, dopo avere intuito l'andamento della quotazione, scelgo la strategia più adatta, scegliendo a sua volta le opzioni più adatte con un'accurata analisi rischio/rendimento e con un'altrettanta accurata analisi delle greche e degli OI (open interest) nell'option data table di Options Oracle.

Come hai visto, i siti e gli strumenti utilizzabili per fare trading sono veramente tanti. Proverò a fare un po' di ordine fornendoti le mie modalità operative:

- Per cercare i titoli uso www.stockhouse.com;
- Per l'analisi tecnica, le quotazioni di fine giornata e il monitoraggio in tempo reale del prezzo uso www.optionsxpress.com;
- Per visualizzare le date degli Earnings uso www.earnings.com;
- Per l'analisi fondamentale e la verifica delle news uso www.quote.com oppure www.smartmoney.com;
- Per l'analisi rischio/rendimento e l'analisi delle greche, quindi la pianificazione strategica, uso Options Oracle.

Eccoti uno schema riassuntivo degli strumenti che utilizzo nel mio trading system:

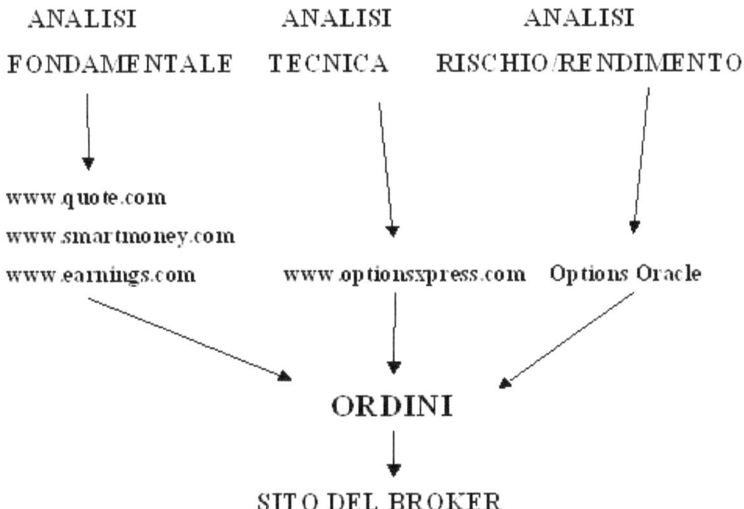

PASSO 5: La scelta del broker con cui operare

Per iniziare a fare trading abbiamo bisogno di trovare un broker, ossia un intermediario, con cui oggi non abbiamo più un diretto rapporto come persona fisica a cui far sempre riferimento. Questo perché la gestione degli ordini avviene tramite dei terminali, e l'unico rapporto è con l'istituto finanziario con cui decidiamo di aprire il conto.

Si perché è necessario aprire un conto per fare trading e la gestione di questo conto spetta ad un broker, o più brokers, che non conosceremo mai, designati dall'istituto finanziario stesso e che si occupano della custodia titoli e della loro gestione burocratica (servizio svolto dalle banche, SIM e intermediari finanziari per conto dei propri clienti).

Per trovare un istituto finanziario, banca o SIM che sia, basta usare un semplice motore di ricerca e te ne usciranno di tutti i colori, dalle proposte italiane sino a quelle USA. Sul sito web ti proporranno in dettaglio le normative e le condizioni di contratto (spero che conosci l'inglese se si tratta di un broker USA), per poi procedere con un'iscrizione digitale.

Completata l'iscrizione ti forniranno nome utente e password per accedere ai servizi aperti ai clienti, come il simulatore e la piattaforma con cui operare, senza nessun impegno. Ma ancora non esiste alcun conto intestato a te. Per fare ciò ti forniranno dal sito dei moduli con le condizioni di contratto, da stampare, firmare e inviare per posta, via fax o via e-mail.

Dopo alcuni giorni verificherai l'apertura ufficiale del conto e le nuove coordinate bancarie o entrando nel profilo cliente, o riceverai una lettera o una e-mail.

A questo punto non ti basterà che effettuare un bonifico per essere subito operativo. Potrai gestire il tutto dal tuo profilo direttamente nel sito internet del broker, dai bonifici dal conto trader al conto corrente ordinario, all'eventuale chiusura del conto. Tutti i brokers sono diversi, vi sono infatti brokers e brokers, ognuno con le proprie condizioni contrattuali, C'è chi richiede un margine di entrata più o meno consistente e c'è chi non lo richiede affatto. C'è chi ha i costi di commissioni molto alti e c'è chi invece li ha molto bassi. Dipende… girovaga un po' sul web e vedi.

Comunque posso consigliarti dei brokers molto seri e affidabili con cui opero anch'io. Non che gli altri non siano affidabili, anzi, ricorda che le leggi qui in Italia, come soprattutto in USA, sono molto severe in materia finanziaria. Per cui non preoccuparti, il rischio di truffa non sussiste. Se poi ci aggiungi l'alto grado di concorrenza che c'è sul mercato oggi, sono sicuro che qualsiasi broker ti tratterà con i "guanti di velluto".
Dunque io ho iniziato e opero tutt'ora con un broker tutto Italiano.

È stato il primo istituto bancario a proporre questi servizi in Italia, I W BANK. È assolutamente comodo e il fatto che sia italiano dà più sicurezza ovviamente. Questo significa che puoi richiedere anche un consulente a cui esporre ogni genere di dubbi in merito ai servizi.

Non richiede nessun margine d'entrata e puoi richiedere la piattaforma gratuita o a pagamento. Inoltre avrai il conto in euro e le conversioni euro/dollaro verranno effettuate automaticamente con ogni operazione. I soli problemi riscontrati con questo broker sono due. Uno è dato dai costi di commissione un po' alti, cioè 5 euro per contratto. L'altro è che non intermediano tutti i titoli presenti sul mercato azionario USA, ma solo i principali del NYSE e del NASDAQ. Ma per iniziare è perfetto. Io, come già detto, ancora ci opero. Il sito web è www.iwbank.it.

Un altro buon broker è Optionsxpress. Un broker USA, ma non lo consiglio, perché ha i costi di commissione molto alti. Si parla di quasi 15$ per contratto. Il fatto è che neanche qui ti chiederanno alcun margine di apertura conto. Il sito lo sai già è www.optionsxpress.com. Molto efficiente è anche Activetrades, molto professionale, l'indirizzo web è www.activetrades.com.

Ma ora veniamo al migliore. È un broker USA, ossia Interactivebrokers. È il più usato, il più funzionale ed è in grado di rimediarti qualunque titolo desideri nel mercato USA. Inoltre ha i costi di commissioni inferiori a 1$ per contratto. L'unico intoppo è che chiede 10.000$ di margine per l'apertura del conto. Il sito di riferimento è www.interactivebrokers.com.

Un altro Broker USA di tutto rispetto e affidabile è Think or Swim, il sito è www.thinkorswim.com. Richiede un margine minimo iniziale di apertura conto pari a 3500$ e le commissioni a 1$. Infine vi è un Broker USA che attualmente è il primo nella classifica Barron's: MB trading. Non richiede alcun margine iniziale e ha le commissioni a 1$. Il sito è www.mbtrading.com.

SEGRETO n. 41: prima di scegliere definitivamente il broker, verificare più offerte e condizioni contrattuali, con un occhio di riguardo alle commissioni. Inoltre fare simulazione con più piattaforme di prova e scegliere quella del broker più congeniale.

PASSO 6: Come effettuare gli ordini: la piattaforma.

Come già sai oggi operiamo in un mercato telematico e gli ordini li effettuiamo direttamente online tramite una piattaforma in un'area privata per clienti sul sito web del broker. Il tutto tramite un nome utente, una password ed eventualmente dei PIN.

Noi effettueremo gli ordini tramite una così detta "piattaforma", ossia semplicemente un'interfaccia grafica dove inserire le caratteristiche dell'ordine e dove poterlo inoltrare al nostro broker.

I brokers di solito forniscono più opzioni per le piattaforme. Spesso ne offrono una gratuita e una, o più, a pagamento mensile. Spesso quelle a pagamento si differenziano da quella gratuita per il fatto che sono connessi ad esse dei servizi che permettono di vedere i grafici e il prezzo in tempo reale. Oppure hanno delle funzioni che gli permettono dei calcoli più avanzati, similmente ad un software.

Ma noi non ne abbiamo bisogno, perché usiamo

www.optionsxpress.com per i grafici e la quotazione in tempo reale e Options Oracle come software strategico, che sono veramente il meglio. Gli altri siti o piattaforme a pagamento non offrono niente di più di Optionsxpress e Options Oracle.

Per noi una buona piattaforma base è più che sufficiente, quindi opta pure per quella gratuita. Ogni broker ci fornirà una piattaforma per il trading reale e una per quello virtuale. Ovvio che ogni piattaforma ha le proprie caratteristiche, ma sono molto semplici da utilizzare.

Per fare una prova immediata vai su www.optionsxpress.com, ovviamente registrati, altrimenti non puoi accedere al servizio. Dalla pagina principale vai su "toolbox" e poi su "virtual trade". Effettua "lunch virtual trade" e inizierai a fare trading virtuale, con soldi virtuali, usando la piattaforma di Optionsxpress.com.

Come puoi vedere è relativamente semplice. Basta infatti scegliere una eventuale strategia, immettere il codice (o i codici) delle opzioni nell'apposito, o negli appositi spazi, la quantità, il prezzo, l'azione da compiere (cioè se si tratta di aprire o chiudere una posizione) e il tipo di ordine.

Prima di fare un ordine è necessario ovviamente consultare l'option data table sempre aggiornata su Options Oracle. Per fare ciò basta premere il pulsante "refresh" ogni qual volta si desidera aggiornare. Con Options Oracle scegliamo l'opzione (o le opzioni) che ci interessa, memorizziamo il codice e poi lo digitiamo in Optionsxpress.com, dove controlleremo il prezzo di negoziazione dell'opzione (bid e ask) in tempo reale durante tutto il corso del trade.

Negozia le opzioni sempre a prezzo di negoziazione, magari puoi con moderazione ritoccare un po' il prezzo a tuo vantaggio diminuendolo o aumentandolo di qualche centesimo, a seconda se stai comprando o vendendo.

Questa operazione è detta "slippage", ma non esagerare, o la richiesta sarà respinta perché non troverai nessuno disposto a scambiare ad un prezzo fuori mercato.

Nel caso in cui volessi effettuare un ordine su uno strike o su un'opzione non disponibile nell'options screener del broker, puoi fare richiesta di censimento con una e-mail. Solitamente, se non si tratta di opzioni fuori mercato o di uno strike introvabile, la richiesta sarà disponibile entro 24 ore.

Puoi fare due tipi principali di ordini: o a prezzo di mercato (market order) o a limite di prezzo (limit order). Col "market order" il broker ti negozierà il titolo al prezzo di mercato corrente, qualunque sia nel momento della negoziazione. Ma te lo sconsiglio. Fai invece ordini sempre in "limit order", cioè condizionati. Significa che il broker negozierà il prezzo nei limiti della cifra da te indicata, senza intercorrere al rischio di un cambiamento significativo del prezzo nell'arco di tempo che intercorre tra l'inoltro dell'ordine e la negoziazione.

Oltre a questi ci sono altri tre ordini condizionati: il "day order", cioè ordine valido solo in giornata; l'"opening order", ossia ordine valido solo all'apertura della Borsa, e infine il "closing order", cioè ordine valido solo alla chiusura della Borsa.

Lo stop loss e lo stop profits

Un'altra condizione fondamentale da impostare per avere più efficienza, più sicurezza e la libertà di "scrollarsi" di dosso il computer per quanto tempo si vuole e quando si vuole (senza il pericolo che al ritorno si trovino brutte sorprese), è lo "stop loss". Ossia stop alle perdite. Consiste fondamentalmente nel porre una cifra limite alle perdite, in corrispondenza del quale il broker chiuderà automaticamente la posizione, salvando il portafoglio da una probabile catastrofe.

Esiste anche lo "stop profits", il contrario di stop loss. Cioè si imposta un prezzo al quale il broker raccoglierà automaticamente i profitti. È molto utile soprattutto se non si vuol stare davanti al computer, ma allo stesso tempo non si vuole rinunciare all'efficacia nei profitti.

PASSO 7: Conoscere la tassazione di Stato

Come la norma giuridica vuole, lo Stato ha il diritto di mettere le mani nei nostri profitti, come? Con le tasse. I nostri profitti vengono tassati di norma nello Stato italiano con un'aliquota imponibile del 12,50% e non solo. Noi per iniziare ad operare dobbiamo aprire un conto trading, le spese di mantenimento conto da parte del broker spesso sono gratuite se apriamo un semplice conto base, ma non possiamo fare a meno di pagare il bollo di Stato. Questo si aggira intorno ai 34 euro all'anno, che verranno scalati automaticamente dal conto o mensilmente (diviso 12) o trimestralmente (diviso 4) o annualmente. Ammesso che il conto sia un conto registrato in Italia. Infatti all'estero la tassa varia da paese a paese, negli USA è di circa 30-40$ l'anno.

Dunque la tassa sui profitti, in quanto residenti in Italia, viene pagata allo Stato italiano, anche se il conto è estero. Per cui, salvo provvedimenti legislativi, è di 12,50%. In merito a ciò hai due possibilità. O inserire i tuoi profitti nella dichiarazione dei redditi, parlandone anche con il commercialista.

In questo caso sul montante dichiarato alla fine dell'anno verrà applicata la tassazione del 12,50%. O, se il broker te lo propone (I W Bank lo fa), puoi applicare, quando liquidate le posizioni in profitto, la tassazione automatica e immediata. Cioè pensa a tutto lui, a te verranno solo i soldi belli e pronti per essere spesi. Cioè li dichiari ad ogni operazione chiusa in profitto. Senza così aver l'obbligo di ricorrere all'intervento del commercialista ed effettuare noiose operazioni burocratiche.

Ovviamente una scelta del genere puoi effettuarla solo con un broker italiano. Veniamo ora all'altra tassa, il bollo di Stato. Questa è una tassa fissa (tassa sulla quantità), che varia a seconda dello Stato in cui apri il conto. In questo caso lo Stato di riferimento decurterà automaticamente il valore della tassa dal tuo conto trading. Se hai ancora dubbi ti consiglio una consulenza con un commercialista, lui dissolverà ogni dubbio e ti chiarirà le idee.

PASSO 8: Scegliere un paniere di titoli: elenco dei titoli più capitalizzati

Penso che ogni trader dovrebbe avere un paniere di titoli prescelto. Titoli che per il loro usuale andamento rispecchiano al meglio le strategie che il trader stesso vuole applicare. Ti fornirò un elenco di titoli raggruppati in settori su cui cominciare a lavorare.

Lavora bene e capisci quali sono le strategie che funzionano meglio per te. Poi seleziona il paniere di titoli più adatto al tuo "stile". Non devi sceglierli necessariamente dal mio elenco. Anzi ti consiglio di spaziare e cercare titoli su tutti e tre i grandi mercati americani (NYSE, NASDAQ e AMEX). L'elenco raggruppa i titoli più capitalizzati del Dow Jones, S&P 500 e Nasdaq100.

TITOLI OPZIONABILI USA

CICLICI	*NON CICLICI*
-INDUSTRIALI (DOW J.)	-ENERGETICI (DOW J.)
CAT	CVX
MMM	XOM
-MATERIE PRIME (DOW J.)	-FARMACEUTICI (DOW J.)
AA	MRK
-TECNOLOGICI (DOW J.)	PFE
IBM	-FARMACEUTICI (NA.)
-TECNOLOGICI (NA.)	AMLN
MSFT	TEVA
AAPL	VRTX
GOOG	-ENERGETICI (S&P)
CEPH	HAL
BIDU	SLB
CELG	COP
KLAC	-UTILITIES (S&P)

QCOM

YHOO

AMGN

XLNX

LLTC

JNPR

AMZN

LRCX

MCHP

ERTS

BIIB

GENZ

DISH

SNDK

CTXS

APOL

HANS

PCAR

VRSN

ESRX

MNST

AEP

BHI

EXC

ETR

-MILITARI (S&P)

BA

GD

RTN

-TABACCO (S&P)

MO

-ALIMENTARI (S&P)

PEP

HNZ

-BENI DI C.N.C (S&P)

PG

-FARMACEUTICI (S&P)

MOT

ABT

PETM

ADSK

LAMR

CTSH

AKAM

FAST

RIMM

EXPD

WFMI

STLD

VMED

HSIC

CHRW

PDCO

GRMN

HOLX

JOYG

SRG

WYNN

FWLT

SHLD

MICC

NIHD

INFY

LEAP

UAUA

FMCN

-TRASPORTI (DOW J.)

UPS

FDX

UNP

CSX

BNI

OSG

CNW

-TECNOLOGICI (S&P)

ROK

TXN

UTX

HON

-TECNOLOGICI (NYSE)

SNE

-TRASPORTI (S&P)

NSC

-MATERIE PRIME (S&P)

ATI

WY

-FINANZIARI(S&P)

COF

GS

ALL

AIG

MS

BAC

MER

HIG

BK

NYX

LEH

-ASSICURATIVI(S&P)

UNH

CI

Legenda:

Dow J. = Dow Jones ; S&P = S&P 500 ; NA. = Nasdaq100; C.N.C = Beni di consumo non ciclici.

Questi sono alcuni codici di riferimento alle azioni, da non confondere con i codici identificativi delle tipologie di contratti derivati. Il codice delle opzioni è mostrato nell'option data table. Ad esempio il codice azionario della Microsoft Corp. è MSFT. Un esempio di codice opzionale da esso derivato è MSQED. Ogni tipo di contratto quotato in Borsa ha una sua codifica, ma ciò è irrilevante. L'importante è sapere la codificazione del titolo azionario.

Dunque il mercato USA rimane sempre il mio punto di riferimento nel trading, ma ricorda che i principi e le strategie che abbiamo appreso possono essere applicate in qualsiasi mercato mondiale, sia esso americano, europeo, asiatico o oceanico. Io ti consiglio caldamente di operare negli USA, soprattutto all'inizio, ma non è detto che se "fiutiamo" un buon affare ad esempio in Giappone non lo possiamo tredare.

Anzi, con la nostra comodissima piattaforma possiamo fare

trading dove e quando vogliamo e in qualsiasi mercato. Basta avere una linea internet.

Una raccomandazione in più che ti faccio è di informarti e vigilare sempre sul cambio valuta estera (tasso di cambio). Ah! Mi sono dimenticato di parlarti del "lotto contratto" (stock), fino ad ora non era necessario conoscerlo, ma se operiamo in una Borsa al di fuori di quella USA, è importante.

Abbiamo detto che le opzioni sono contratti in base al quale si acquisisce il diritto, ma non l'obbligo, di comprare o vendere 100 azioni. Beh, quel 100 corrisponde al lotto contratto, ossia alla quantità di azioni che si andranno in futuro a negoziare. Ogni regolamento borsistico definisce un minimo lotto contratto, cioè un minimo di azioni che il contratto ufficiale deve controllare per essere valido. Ciò dipende sostanzialmente dalla capitalizzazione dei titoli quotati in una determinata Borsa. Di conseguenza, dalla capitalizzazione di quest'ultima in generale.

Nella Borsa di New York sappiamo benissimo che il minimo lotto contratto per le opzioni corrisponde a 100 azioni, mentre ad esempio nella Borsa di Milano il minimo lotto contratto è di 500 azioni, in quanto sono azioni che in termini di capitalizzazione sono sicuramente inferiori rispetto a quelle del mercato USA. Perciò in ogni mercato in cui andrai ad investire in opzioni, informati sempre sul minimo lotto contratto.

SEGRETO n. 42: scegliere un paniere di titoli che fanno al proprio caso.

PASSO 9: Conoscere il calendario 2008 della chiusura della Borsa USA

I mercati rimangono aperti dal lunedì al venerdì, dalle 09.30 a.m. alle 04.00 p.m ora di New York, cioè dalle 3:30 p.m alle 10:00 p.m ora italiana. **Dalle 15:30 alle 22:00 ora italiana.** Ad eccezione dei seguenti giorni:

1 Gennaio, New Year's Day
21 Gennaio, Martin Luter King, jr. Day
18 Febbraio, Washington's Birthday
21 Marzo, Good Friday

26 Maggio, Memorial Day

4 Luglio, Indipendence Day

1 Settembre, Labor Day

27 Novembre, Thanksgiving Day

25 Dicembre, Christmas

SEGRETO n. 43: tenere sempre presente il calendario della chiusura della Borsa.

PASSO 10: Combattere l'ansia da posizione

Prima di concludere bisogna affrontare un argomento importante. Qui non si tratta più di soldi, ma di una cosa più importante: la tua salute. Evita di farti assalire da attacchi emotivi durante il mantenimento di una posizione. Ricorda sempre che le emozioni in questa professione "annebbiano" il giudizio.

Cerca di rilassarti. Per fare ciò aiutati nel vederlo come un gioco (anche se non lo è). Immagina che stai giocando e che nel corso della posizione hai tirato con coraggio e convinzione i "dadi" sul tavolo da gioco.

Conosci bene le regole del gioco, tieni gli occhi aperti e

procacciati solo i buoni affari. Sei forte abbastanza e il denaro non ti spaventa, anzi, la tua sicurezza ne attrae sempre di più. Sii consapevole della finanza internazionale. Se non pratichi scalping e desideri un'ottima rendita periodica, sarà sufficiente tener d'occhio e analizzare il mercato all'apertura e alla chiusura.

Piazza gli stop loss e gli stop profits e avrai la giornata tutta libera e durante il giorno non essere ansioso su come possa essere la situazione della compra-vendita del tuo titolo. Visualizza il tutto il più positivamente possibile e rilassati. Ma pensaci, tu stai facendo soldi qualsiasi cosa stai facendo. Se sei in vacanza, se stai praticando il tuo hobby preferito o se addirittura dormi.

Molto probabilmente se lo racconti la gente non ti crederà. Non importa… come dico sempre ognuno di noi ha il diritto di evolversi con le proprie credenze. Segui modelli di trading prestabiliti e sistematici, confermati da successi storici, creati da te stesso o da altri traders competenti.

Evita di cedere alle sensazioni del momento, analizza sempre sistematicamente il mercato in funzione del fatto che i suoi eventi tendono ciclicamente a ripetersi. Tutto ciò lasciando le emozioni fuori dalla “finestra”.

SEGRETO n. 44: non essere emotivo per la Borsa: ti annebbia il giudizio.

PASSO 11: Costruire un diario dei trades

Voglio parlarti dell’importanza che ha un diario dei trades. Ogni trade che fai, anche virtuale, annotalo, compreso di data, titolo, strategia, capitale investito e rendimento. Questo ti servirà in primo luogo a fissare degli obbiettivi di profitto, oltre a disciplinarti e a ordinare sistematicamente ogni operazione che fai (una dote che premia molto in questo campo).

In secondo luogo perché possono costituire anche in seguito un buon oggetto di studio, oltre al fatto che ci permette di effettuare un’autovalutazione su un determinato periodo prescelto di riferimento.

Ti fornisco un modello prestabilito da compilare e conservare in un raccoglitore per ogni trade che fai.

SEGRETO n. 45: costruire un diario dei trades.

STRATEGIA: TITOLO:

PREZZO SOTTOSTANTE:

OPZIONI ACQUISTATE/VENDUTE:

DEBITO PAGATO O CREDITO RICEVUTO:

BREAKEVEN:

RENDIMENTO MASSIMO: RISCHIO MASSIMO:

DATA DI INGRESSO: DATA DI USCITA:

PROFITTO OTTENUTO:

ROI:

RIEPILOGO DEGLI 11 PASSI:

- SEGRETO n. 36: saper seguire l'andamento della quotazione.
- SEGRETO n. 37: prendere confidenza con un gruppetto di siti e usare solo quelli.
- SEGRETO n. 38: tenere d'occhio la quotazione almeno una volta al giorno e possibilmente negli orari critici di apertura o chiusura del mercato.
- SEGRETO n. 39: analizzare sempre il rischio/rendimento con Options Oracle prima di inoltrare un ordine e durante il mantenimento di una posizione.
- SEGRETO n. 40: utilizzare Options Oracle per visualizzare l'option data table e Optionsxpress.com per seguire l'andamento dei titoli e delle opzioni in tempo reale.
- SEGRETO n. 41: prima di scegliere definitivamente il broker, verificare più offerte e condizioni contrattuali, con un occhio di riguardo alle commissioni. Inoltre fare simulazione con più piattaforme di prova e scegliere quella del broker più congeniale.
- SEGRETO n. 42: scegliere un paniere di titoli che fanno al proprio caso.
- SEGRETO n. 43: tenere sempre presente il calendario della

chiusura della Borsa.

- SEGRETO n. 44: non essere emotivo per la Borsa: ti annebbia il giudizio.
- SEGRETO n. 45: costruire un diario dei trades.

Conclusione

Il trading è una cosa molto affascinante e che fa guadagnare veramente tanto. L'economia si fa in Borsa signori miei. Ormai è così da decenni. In Borsa si fanno i veri soldi, tutto il resto è un gioco. Non ci crederai ma le possibilità che ci sono oggi di far soldi sono veramente tante, mai prima d'ora è stato così facile "alzare" 1 milione di dollari.

Esiste uno strumento, che ha rivoluzionato il sistema della comunicazione, sancendo il passaggio definitivo dall'era industriale all'era dell'informazione. Sto parlando di *Internet*.

Con un computer e una linea Internet tra le mani si è in possesso di una leva finanziaria potenzialmente illimitata, che ci permette di trasformare una semplice idea creativa in milioni di dollari, per non parlare del fatto che è come se avessimo la Borsa a portata di mano in ogni momento.

Sembra assurdo parlare di grandi possibilità finanziarie in uno scenario di difficoltà economica in cui “sguazza” l’Europa e il resto dell’Occidente in questo periodo. Ma fidati che se c’è la giusta conoscenza si tratta di un periodo roseo. Il fatto è che a causa dell’elevata competenza che richiede oggi il nostro scenario economico-finanziario, sono pochi coloro che riescono ad emergere e sono gli stessi che detengono la maggior parte della ricchezza nel nostro paese.

L’unica via d’uscita è un’adeguata preparazione finanziaria personale ed è una cosa che nelle scuole pubbliche non ti hanno insegnato e continuano a non insegnare… forse perché fa comodo così. Devi provvedere da solo, e con questo ebook hai sancito un importante passo in avanti, te lo assicuro.

Ancora non riesco a credere di aver scritto un ebook tutto mio. Sono fiero di quello che sono diventato e questa è una cosa molto importante, perché, al di là dei soldi (e ce ne sono a “palate” intorno a noi credimi), una persona deve sempre sentirsi coraggiosa e sicura di sé. Prima di cominciare a far soldi devi vivere e svilupparti da uomo. La voglia e il desiderio di far soldi infatti non significano che stai perseguendo un obiettivo immorale, anzi, significa che vuoi costruire qualcosa nella tua vita e nella vita di chi ti sta intorno. Poniti la ricchezza come obbiettivo e non come semplice desiderio e focalizzati e agisci sostenuto dall'unione tra mente, corpo e spirito in ogni attività che svolgi.

Ti consiglio di crearti un piano scritto e progettato nei minimi dettagli per raggiungere la serenità finanziaria e parlane solo con chi ti sostiene. Lascia perdere, e se necessario difenditi con i mezzi che ritieni più opportuni, da tutti coloro che tentano in qualche modo di ostacolare la tua evoluzione.

Loro hanno perso il controllo (e forse non ce l'hanno mai avuto) della propria evoluzione e tentano di aggrapparsi a quella degli altri, facendo il possibile per trascinarti nella loro direzione, che spesso risulta essere un itinerario collettivo. Perché ricordati che una persona presa singolarmente è matura, ma la gente intesa come una pluralità di persone messe insieme spesso è un animale meschino, pauroso e pericoloso.

Coloro che spiccano da Leader sono persone che non hanno seguito la “massa”, sono persone che si sono prefissate degli obiettivi e ogni giorno hanno **pensato** e **agito** in quella direzione, con volontà, serenità, sicurezza, convinzione e coraggio. Qualsiasi ora siano le tue condizioni economiche e sociali, inizia a pensare e ad immaginare ciò che vuoi con entusiasmo.

Sì, cerca di prendere il controllo delle tue emozioni e falle “lavorare” dalla tua parte. È una delle cose più difficili in assoluto, perché quando siamo in grado di farlo abbiamo una visione chiara e illuminata dei nostri obiettivi e di come raggiungerli. Siamo diventati più saggi.

Qualsiasi cosa tu voglia fare o sogni di poter fare, iniziala. L’audacia ha genio, potere e magia. Sii in sintonia con Dio e mostrati sempre fiducioso e convinto di ciò che vuoi. Sii grato per l’abbondanza che hai e che stai per ricevere.

Ti chiedo un favore, non essere scettico. Odio quelle persone talmente scettiche che devono per forza spiegare razionalmente le cose intorno a loro, altrimenti la loro mente va in “tilt”. Ma non ti chiedo nemmeno di essere uno sciocco credulone, è ovvio. Quello che ti voglio far capire è che a certe cose ci si può arrivare solo con fede e volontà, le due forze dello spirito, che spesso sono soffocate da una mente troppo "chiassosa" e "capricciosa".

Le persone normali spesso ragionano prima con la mente e poi forse, e sottolineo forse, interpellano lo spirito. Mentre le persone di successo fanno l'opposto. La loro passione nasce da dentro e impostano la loro mente ad agire in maniera aderente al volere interiore, cioè è lo spirito a controllare la mente e non il contrario.

A volte le persone sono talmente chiuse negli scettici "labirinti" della mente da non rendersi conto delle grandi opportunità che ogni giorno ci capita di incontrare. Invece se noi conformiamo la mente allo spirito saremo consapevoli delle azioni da compiere per cogliere le opportunità che ci si presentano. Quelle stesse opportunità che attiriamo tramite i nostri pensieri. Ma ciò non basta.

Bisogna anche agire per coglierle ed è questo l'obiettivo di questo ebook. Cioè io ti posso insegnare come agire, ma quello che vuoi veramente lo puoi decidere solo tu. Sì, perché con lo spirito decidi cosa vuoi e ci credi con fede e con la mente pensi, visualizzi e impari, mettendoti in condizione di agire coerentemente quando occorre farlo.

Poniti degli obiettivi e fai in modo di raggiungerli. È un concetto semplicistico, ma è tutto qui. Stai perseguendo l'obiettivo della ricchezza, beh, congratulazioni! È una cosa molto nobile, perché è una cosa che ti renderà felice e libero. Ti permetterà di prenderti cura delle persone che ami, di fare tante esperienze e tante cose belle nella vita.

Ora che hai finito l'ebook agisci, non aspettare alcunché. Ti ho mostrato delle regole che possono funzionare per tutti e applicandole coerentemente e con disciplina, diventerai finanziariamente **libero**. Esiste tanto denaro nel mondo, veramente tanto. Hai il diritto alla tua "fetta di torta". Ti auguro tutta la ricchezza di questo mondo (a patto che ne lasci un po' anche a me…).

Buon trading !

Ringraziamenti alla Bruno Editore

Vorrei ringraziare particolarmente i ragazzi di www.autostima.net e della Bruno Editore. L'idea di condividere la mia passione per il trading con altre persone tramite un ebook, è nata dopo aver visitato il loro sito e letto alcuni ebook di Giacomo Bruno. L'opportunità che offrono è molto vantaggiosa. L'ebook che hai letto è stato scritto e semplicemente proposto loro via e-mail; l'idea è piaciuta e me lo hanno pubblicato completo di diritti e pubblicità sul web. Tutto ciò a costo zero. La Bruno Editore è attualmente il leader italiano indiscusso della pubblicazione online di ebook riguardanti la crescita personale, professionale e finanziaria. L'ebook è uno strumento grandioso, una nuova grande frontiera della comunicazione.

Grazie Bruno Editore!

Giovanni Romano

www.ingramcontent.com/pod-product-compliance
Ingram Content Group UK Ltd.
Pitfield, Milton Keynes, MK11 3LW, UK
UKHW022025190726
13853UKWH00005B/2112

9 788861 741263